A GIRL OF NO IMPORTANCE
AND OTHER POEMS

MARIA WILLIAMS

A GIRL OF NO IMPORTANCE
AND OTHER POEMS

By Maria Williams

Published by Four Ink Press 2025

Copyright © 2025 Maria Williams

All rights reserved.

This is a work of fiction. Characters, names, places, brands, media, incidents and events portrayed in this book are fictitious. Any similarity to real persons, living or dead, is unintentional and coincidental.

No part of this publication may be reproduced, stored in a retrieval system, or transmitted in any form or by any means, electronic, mechanical, photocopying, recording or otherwise, without prior written permission from both the copyright owner and publisher.

Cover design and formatting by Four Ink Press

Language: Australian English / Greek

ISBN:

978-0-6453127-6-8 (pbk)

978-0-6453127-7-5 (e-bk)

Visit www.fourinkpress.com

To my daughters,
Pamela, Suzanne and Sara,
and my grandchildren,
Jamison, Ella, Piper, Oliver and Dakota.

Hoping one day you will understand.

CONTENTS

INTRODUCTION	13
PART I ON LIFE	15
Ψευτικες ελπιδες	17
False Hopes	19
Τατουαζ	21
Tattoo	23
Περασε ο καιρος σου κλεφτη	25
Your Time is Up, Thief	27
Το ειδωλο	29
The Idol	31
Παραπονα	33
Complaints	35
Τι κι αν	37
What If	38
Οι εξετασεις	39
The Exams	40
Κατμαντου (Στο τίποτα)	41
Kathmandu (To Nothing)	43
Χωρις τιμονι	45
Without a Steering Wheel	48
Πεθανε	51
Passed Away	53
Ματαιοτης	55
Vanity	56
PART II FAMILY	57
Του δρομου το αγορι	59
The Street Boy	60
Γιατι μας εγκατελειψες;	61
Why Did You Leave Us?	63

Καποιος ναυτης	65
Some Sailor	67
Κοριτσι του λαου	69
Girl of the People	71
Μερα λυπης	73
Day of Sorrow	74
Η τυχη του μεταναστη	75
The Fate of the Immigrant	78
Ηταν	81
There Was	82
Κατω απο τις καστανιες	83
Under the Chestnut Trees	86

PART III
LOVE 89

Στην ακρογιαλια	91
On the Beach	92
Τι θα 'θελες να 'σαι	93
What Would You Like to Be?	95
Για σενα	97
For You	98
Τρεξε	99
Run	100
Είχα	101
I Used to Have	103
Αγαπη	105
Love	106
Μεγαλη αγαπη	107
Great Love	108
Γυρνα ξανα στο σταθμο	109
Return to the Station	110
Αποψε	111
Tonight	112
Ο ποταμος	113
The River	115
Γνωμες και αντιγνωμες	117
Opinions and Counter Opinions	118
Η αγαπη που ζηταω	119
The Love I Ask For	121

Το δεντρο	123
The Tree	126
Σωμα και ψυχη	129
Body and Soul	133
Κρυφη μου αγαπη	137
My Secret Love	139
Να τρεξω μεσα στη βροχη	141
To Run in the Rain	143
Ποσο θα κρατησει	145
How Long Will it Last?	147
Μποεμησα	149
Bohemian	150

PART IV
RELIGION 151

Χαρα	153
Joy	155
Δακρυα	157
Tears	159
Ο καλος πατερας	161
The Good Father	163
Ποιος αλλος απο σου	165
Who Else But You?	166
Πηρες την προσκληση	167
You Got the Invite	169
Γνωρισα τον κυριο	171
I Met the Lord	173
Δεν νιωθω πια λυπη	175
I Don't Feel Sadness Anymore	176

PART V
WAR AND COUNTRY 177

Και τον ηλιο και νερο	179
And the Sun and the Water	182
Αυτοι οι ανθρωποι	185
Those People	188
Ειχα ενα ονειρο	191
I had a Dream	194
Κεννεντυ	197

Kennedy	200
Η προς την πατριδα αγαπη	203
Love for the Country	205
Γιατι;	207
Why?	208
Κραυγη	209
Scream	211
Ελευθερια η θανατος	213
Freedom or Death	216

PART VI
ENGLISH POEMS 219

For Mother's Day	221
To my Brother	222
A Joyous Day for Me and You	224
For the Day	225
One Never Knows	226
To the Fields of Ripened Wheat	228
Mixing the Fuel	230
To Dance in the Sun-Rain	232
Have We Met Before?	234
Facebook	236
Birth and Death	237
Closing Years	238
Mouldy Slices of Bread	239
Cry On My Own	241
White Canvas	242
A Girl of No Importance	244
Boy on the Balcony	246
Desperate Beat	248
When the Now Seems Forever	249
On a Shelf in a Box	250
Rocking on a Chair	253
My Favourite Time	255
My Cactus	257
Some Forty Years Ago	260
Broken	263
And Be No More	265
Guns in the Distance	266

Like Your Ancestors	268
PART VII CREATIVITY IN THE BLOOD	271
Home	273
Consider This	274
A Letter to my Younger Self	276
Acknowledgements	278

INTRODUCTION

This collection of poetry is the culmination of my life's work. Spanning from 1959 to 2025, these words were written across continents. From humble beginnings in my homeland, Greece—the same town where Lord Byron's heart lies buried—to the rugged landscapes of Australia's distant shores, I am humbled to share these poems with you.

I leave my words in the custody of my descendants and hope that some wisdom is imparted from them.

PART I
ON LIFE

ΨΕΥΤΙΚΕΣ ΕΛΠΙΔΕΣ

(ORIGINAL GREEK TEXT)

Εφτασε η χαραυγή
Πέφτει το φεγγάρι
Φεύγ' η νύχτα γρήγορα
Με ταχύ ποδάρι.

Ερχεται η Ανατολή
Διώχνει το σκοτάδι
Ρόδα πέφτανε στη γη
Σαν ουράνιο χάδι.

Πρόβαλε η χαραυγή
Εσβησαν τ' αστέρια
Φώτισε ξανά η γη
Να τα περιστέρια.

Ηρθε η χρυσή αυγή
Χάθηκε η ελπίδα
Εσβησε το όνειρο
Από μιαν αχτίδα.

Ηταν κάποιο όνειρο
Σαν ένα λουλούδι
Ηταν κάποιο όμορφο
Ευχάριστο τραγούδι.

Ομως πάη χάθηκε
Τούτο το λουλούδι
Δεν θα ακουστεί ξανά
Το γλυκό τραγούδι.

Εφτασαν πολλές πολλές
Οι τρελές αχτίδες
Ελουσαν το μέτωπο
Γέννησαν ελπίδες.

Φύγετε, είστε νεκρές
Ελπίδες του ονείρου
Οι άλλες ειν' χειροπιαστά
Αστέρια του απείρου.

FALSE HOPES

(TRANSLATED FROM: ΨΕΥΤΙΚΕΣ ΕΛΠΙΔΕΣ)

The dawn has come
The moon is falling
The night goes
With hurried steps.

Sunrise comes
To banish the darkness
Rose petals are falling
Like a heavenly caress.

The dawn has broken
The stars are gone
The earth looks bright
Here are the pigeons.

Golden dawn has come
My hope is lost
In a flash of light
The dream is gone.

It was some dream
Like a flower
Kind of a beautiful
Pleasant song.

But now this flower
Is gone, is lost
The sweet song
Won't be heard again.

Amazing rays
Arrived in droves
Embodying the face
Birthing new hopes.

The hopes of the dream
Now are gone
New ones grow
Within my reach.

ΤΑΤΟΥΑΖ

(ORIGINAL GREEK TEXT)

Μη ζητάς πια την καρδιά μου
Να την έχεις για μαγιό
Να την βλέπουνε οι άλλοι
Και να λεν' πως είμαι υπό.

Είναι προσβολή μεγάλη
Ενας άντρας να 'ναι υπό
Αυτό πια δεν το σηκώνω
Κι αν τρελά σε αγαπώ.

Θέλω να σου δώσω
Την καρδούλα μου αλλά
Να την βάλεις μεσ' τα στήθια
Κι όχι για μια ζωγραφιά.

Βάλε στο κορμί σου άλλες
Ζωγραφιές όσες ποθείς
Μα δεν θέλω την καρδιά μου
Για μαγιό να την φορείς!

Το κορμί σου ειν' ωραίο
Ζωγραφιές όταν φορεί
Μα εγώ θέλω την καρδιά μου
Να την βλέπεις μόνο εσύ.

TATTOO

(TRANSLATED FROM: TATOYAZ)

Don't ask for my heart
To use as a swimsuit
So others can see
And say I'm beneath you.

It is a great insult
For any man to be under
Cannot stand it anymore
Even if I love you madly.

I want to give you,
To give to you, my heart
To put next to yours
Not tattoo it on your behind.

Paint on your body
Whatever you wish
But I don't want my heart
As bathers, I resist!

Beautiful your body is
When tattoos, it wears
But I want my heart
For only you, to see.

ΠΕΡΑΣΕ Ο ΚΑΙΡΟΣ ΣΟΥ ΚΛΕΦΤΗ

(ORIGINAL GREEK TEXT)

Πέρασε ο καιρό σου κλέφτη
Για να κλέβεις τις καρδιές
Λόγος τώρα δεν σου πέφτει
Για ν' ανάβεις πια φωτιές.

Κάτσε κλέφτη στα αυγά σου
Μη τα μπλέκεις με μικρές
Είναι όλες τους καπάτσες
Εξυπνες και πονηρές.

Κάτσε κλέφτη στα αυγά σου
Να μη βρεις κάνα μπελά
Μην τα μπλέξεις με μικρούλα
Και σου βάλει το χαλκά.

Πέρασε η μπογιά σου κλέφτη
Είσαι γέρος τώρα πια
Ολες έρχονται κοντά σου
Να σου πάρουνε λεφτά.

Στην καρδιά σου βρε καημένε
Βάζεις την παρηγοριά
Κάνοντας μικρές παρέα
Και ξοδεύοντας λεφτά.

Δεν θα γίνεις νέος γέρο
Πέρασαν τα χρόνια πια
Δεν σου έχει μείνει δόντι
Ούτε θάρρος στην καρδιά.

Πάρε γέρο μια χήρα
Που να έχει και παιδιά
Κι' άσε τότε κάθε άλλη
Μην και σ' έβρει συμφορά.

Η ζωή τώρα είναι άλλη
Να μην παίζεις με φωτιά
Εχει δύναμη μεγάλη
Θα σου κάψει την καρδιά.

YOUR TIME IS UP, THIEF

(TRANSLATED FROM: ΠΕΡΑΣΕ Ο ΚΑΙΡΟΣ ΣΟΥ ΚΛΕΦΤΗ)

Thief, your time is up
To steal more hearts
You don't have the spark
To light new fires.

Old man, enjoy your life
Don't mess with young ones
As clever and cunning
As devious as they are.

Old men, sit with your merits
Don't look for any trouble
Don't mess with young ones
They will leave you in the cold.

Now you are old
Your shine is long gone
They speak with golden tongues
To take your money away.

In your heart, poor man
You put the consolation
Making young friends
And spending your money.

You will not be young again, old man
The years have passed
You have no tooth left
Nor vigour in your heart.

Find an old widow
Who has reared her kids
Leave every other
So you live in bliss.

Life is different now
Don't play with fire
It has great power
It will burn your heart.

ΤΟ ΕΙΔΩΛΟ

(ORIGINAL GREEK TEXT)

Μέσα στο βούρκο της ζωής
Βρήκα ένα διαμάντι
Αληθινό ήταν ψεύτικο
Γνώσι δεν είχα δράμι.

Στον βούρκο αν το άφηνα
Φοβόμουν μη ραγίσει
Και η ψυχή μου ζήτησε
Σε Πύργο να το στήσει.

Του Πύργου ήταν θεμέλια
Αστέρι λαμπερό
Και η κορφή του άγγιζε
Τον έβδομο ουρανό.

Το είδωλο μου έβαλα
Στην κορυφή εκείνη
Από όπου έλειπε εντελώς
Ο βούρκος και η αισχίνη.

Πολλές φορές ανέβαινα
Εκεί να προσκυνήσω
Και την αγνή την ομορφιά
Με πάθος να ζητήσω.

Μια νυχτιά αμέρωτη
Με Δίηους κεραυνούς
Για το διαμάντι έτρεξα
Ψηλά στους ουρανούς.

Ψεύτικη λάμψει έλαμπε
Στου Πύργου την κορφή
Για αυτό στο βούρκο χάθηκε
Το ειδωλο βαρύ.

Ψεύτικο ήταν γυάλινο
Διαμάντι ντροπιασμένο
Δεν άξιζε στον Πύργο μου
Να βρήσκετε στημένο.

Λιθάρι κάνω την καρδιά
Τη μνήμη μου θα σχίζω
Τα είδωλα τα γήινα
Πρέπει να τ' αφανήσω.

THE IDOL

(TRANSLATED FROM: ΤΟ ΕΙΔΩΛΟ)

In the mud of life
I found a gem
Real or fake
I had no clue.

In the mud if I left it
Was afraid it would crack
And my soul asked
In a tower to place it.

The tower's foundation
Was like a bright star
The whole thing was reaching
The seventh heaven at far.

I placed my idol
On top of that
Where mud and shame
Had no place at all.

Many times I went
Up there to worship
And pure beauty
To passionately seek.

An endless night
With Jupiter's thunderbolts
High in the skies
For my gem, I run.

The diamond was false
Fake shine shone
There, at the pinnacle
My faith was lost.

It was made of glass
An imperfect replica
Not worth sitting
On my tower's top.

Turning my heart to stone
Shear my memories apart
Destroy the earthly idols
Turning from their regard.

ΠΑΡΑΠΟΝΑ

(ORIGINAL GREEK TEXT)

«1»
Σ' ένα σκοπό φτωχικό
Θα μιλήσω θα τραγουδήσω
Για τον καημό που δέρνει
Στη ζωή κάθε φτωχό.

Φτωχέ πατέρα ο καημός
Που σε δέρνει κάθε μέρα
Τι θα γίνουν τα παιδιά σου
Οταν πας μακριά μια μέρα;

Τη γέννηση σου Καταριέσαι
Τη ζωή δεν αρνιέσαι πατέρα
Τι θα γίνουν τα παιδιά σου
Σαν θα πας μακριά μία μέρα;

«2»
Κάποτε ήμουν κι 'γώ νιός
Ημουν και παλικάρι
Το γέλιο ήμουν της μάνας μου

Και του πατρός καμάρι.

Επεσαν σύννεφα βαριά
Και σκέπασαν τη νιότη
Και ο βοριάς την έσβησε
Στην άνοιξη την πρώτη.

«3»
Τι να την κάνει το πουλί
Την όμορφη λαλιά του;
Σαν σε κλουβί αναγκάζετε
Να Κλαίει τη συμφορά του.

Τι να τα κάνει ο κουφός
Τα όμορφα τραγούδια;
Τι να τα κάνει ο τυφλός
Τα άοσμα λουλούδια;

«4»
Τι να την κάνεις τη ζωή
Οταν χαρά δεν έχει;
Τι να το κάνεις τ' όνειρο
Σαν στο σκοτάδι πέφτει;

COMPLAINTS

(TRANSLATED FROM: ΠΑΡΑΠΟΝΑ)

«1»

In poor tune
I will speak and sing
For the misery that strikes
The poor in life.

Poor, poor father
A thought beats you every day
What will your children become
When you pass away?

You curse your birth
You don't deny life, Father
What will your children become
When you go away one day?

«2»

I was once young
Was a mighty lad
My mother's daily smile

And my father's pride.

Clouds fell heavily
Covering my youth
The north winds have finished
The glow of my Spring.

«3»

What should a bird do
With its beautiful singing?
As in a cage is forced
To cry its calamity.

What's a deaf person to do
With beautiful songs?
What is the blind man to do
With odourless flowers?

«4»

What to do with life
When there is no joy?
What to do with dreams
With no hope to achieve?

ΤΙ ΚΙ ΑΝ

(ORIGINAL GREEK TEXT)

Τι κι αν κρινάκι είσαι αγνό
Αθώο περιστέρι
Γύρω υψώνεται θεριό
Της αμαρτίας το χέρι.

Τι κι αν ορθώνεσε στον ουρανό
Με της τιμής το χέρι
Θα έλθει φθινόπωρο πικρό
Να σβήσει το καλοκαίρι.

Το προσωπό σου λαμπερό
Φωτίζει τα σκοτάδια
Κι ένα χαμόγελο γλυκό
Του παραδείσου άδεια.

WHAT IF

(TRANSLATED FROM: TI KI AN)

No matter being a pure lily
An innocent pigeon
A storm rises around
By the hand of evil.

No matter if your honesty
Rises to the sky
A bitter autumn will come
To blow your summer out.

Your face is radiant
Illuminates the darkness
A sweet smile alone
Permission to paradise.

ΟΙ ΕΞΕΤΑΣΕΙΣ

(ORIGINAL GREEK TEXT)

Ηρθανε οι εξετάσεις
Πάνε τα σχολεία πια
Δεν θα έχωμε βιβλία
Δεν θα γράφωμε γραφτά.

Τα βιβλία και οι σάκες
Μεσ' τα ράφια θα κλειστούν
Και θα βγούνε τα παιγνίδια
Συντροφιά να μας κρατούν.

Το καλό το καλοκαίρι
Θα μας βρει στην εξοχή
Το φθινόπωρο και πάλι
Θα έρθωμε…στη φυλακή.

THE EXAMS

(TRANSLATED FROM: ΟΙ ΕΞΕΤΑΣΕΙΣ)

The exams are here
School now ends
We won't have books
Will not write words.

The books and the sacks
To the shelves will go
The games will come out
To make us happy and so.

The good summer
Will see us out and about
Autumn comes again
"To the prison," we will shout.

ΚΑΤΜΑΝΤΟΥ (ΣΤΟ ΤΊΠΟΤΑ)

(ORIGINAL GREEK TEXT)

Βλέπω παιδιά και προχωρούνε
Χωρίς αισθήματα το ένα για το άλλο
Δεν έχει σημασία πια
Χωρίς αισθήματα για αυτά
Που προσπερνούνε
Για αυτά που είναι μα
Δεν νιώθουν σαν παιδιά.

Ποτέ δεν βρέθηκαν στην ηλικία των οχτώ
Παιγνίδια δεν τους έδωσαν χαρά
Αν και γεννήθηκαν μωρά
Οπως και 'μείς
Στάσου παράμερα και κοίταξε τα…
Ιδές τα μάτια τους
Είναι γέρικα…ακήνητα…νεκρά.

Σκόνη λευκή πρωτοφανές σ' αυτά
Εχει θολώσει το γαλανό του ουρανού
Ερμες σκιές…

Αργοδιαβάτες βιαστικοί...
Πήραν το δρόμο
Και πες αλίμονο
Πήραν το δρόμο για το Κατμαντού
Για την μάνα της άσπρης σκόνης.

KATHMANDU (TO NOTHING)

(TRANSLATED FROM: ΚΑΤΜΑΝΤΟΥ (ΣΤΟ Τ'ΙΠΟΤΑ))

I see some children moving on
With no feelings for each other
It doesn't matter anymore
With no feelings for those
Who pass them by
For those who are children
But like children they don't feel.

They never found themselves at the age of eight
The games did not give them any joy
Although babies
Were born like us
Stand aside, look at them…
You see their eyes
They are old…motionless…dead.

Unprecedented white powder to them
Has clouded the blue of their sky
Lonely shadows…

Procrastinators in a hurry…
They took the road
And say alas
They made their way to Kathmandu
Birthplace of the white powder.

ΧΩΡΙΣ ΤΙΜΟΝΙ

(ORIGINAL GREEK TEXT)

Είμαι μόνη χωρίς τιμόνι
Σε δάση κρύα και με θηρία
Βοριάς φυσάει,δέντρα σπάει
Οποιον ζυγώνει τόν παγώνει.

Αυτά τα μέρη δεν έχουν θέρη
Ολο χειμώνα άγριο κυκλώνα
Αιώνιο βράδι πυκνό σκοτάδι
Κι είμαι μόνη χωρίς τιμόνι.

Στο χιόνι πέφτω κοντά του
Στην κρύα την αγκαλιά του
Οταν γυρίζω τον ουρανό το γκρίζο
Βλέπω θλιμμένο πολύ κλαμένο.

"Μ' άφησαν μόνο τ'αστέρια
Τ'άλλα μικρά μεγάλα
Σε μένα έλα και χαμογέλα
Οχι στο χιόνι που σε παγώνει.

Ο βοριάς σε τρομάζει,
Αυγή δε χαράζει,
Μόνη μη μένεις τη περιμένεις
Δως μου το χέρι γίνε αστέρι."

Εγώ σοπαίνω μονάχη μένω
Πάνω στο χιόνι που παγώνει
"Έλα," μου λέει ο ουρανός που κλαίει
Και ρίχνει το χιόνι που με παγώνει.

Πάλι σοπαίνω δεν απαντάω
Σ' αυτόν που κλαίει κι "Έλα," μου λέει,
Το χιόνι κοιτάζω ίχνη χαράζω
Πάνω σ' αυτό με βήμα αργό.

Εκεί που περνώ όπου πατώ
Το χιόνι τρίζει τραγούδι αρχίζει
Τραγούδι θλιμμένο κι πικραμένο,
Ενας λιγμός λυπητερός.

"Με διώχνει αυτός είναι κακός
Θέλει εσέ που' σαι με με
Φαρμάκι πίνω κατάρα δίνω
αυτόν το ληστή αυγή να μη δει."

"Μην καταρά σε, μην φοβάσαι
Χιόνι καλό εγώ σ' αγαπώ
Σταμάτα τη μπόρα άκου τώρα
Αυτό που θα πω στον ουρανό."

"Ουρανέ προτιμώ μονάχη να ζω
Μέ το χιόνι που με παγώνει
Καλή ψυχή αγάπη δυνατή

Στο χιόνι δίνω δεν το προδίνω.

Τα σύννεφα διώξε αμέσως απόψε
Πάρε το φως γίνε λαμπρός,
Αιώνια μένω στο χιόνι τώρα
Εχω συντροφιά τ' άγρια θεριά."

Ο ήλιος αν λιώνει στα δάση το χιόνι
Τρέχω στα βουνά βρίσκω συντροφιά
Και το χιόνι πέφτει νάτο μου γνέφει,
Πάω κοντά του στην αγκαλιά του.

Φόβο δεν έχω γελάω και τρέχω
Τ' άσπρο χιόνι ελαφρά με πλακώνει
Δεν νιώθω ποια μόνη
Βρήκα τιμόνι.

WITHOUT A STEERING WHEEL

(TRANSLATED FROM: ΧΩΡΙΣ ΤΙΜΟΝΙ)

I'm alone without a guide
In forests cold, with beasts
North winds blow, breaking trees
Freezing anyone coming close.

These places have no summer
Only winter, fierce cyclones
Eternal evening, thick darkness
And I'm alone without a guide.

In the snow I fall
In its cold embrace
Turning around, I see the sky
Grey, sad and crying.

"The stars big and small
Left me alone," weeps the sky
"So come to me and smile
Not to the freezing snow.

The north wind frightens you
Dawn does not break
Don't be alone, don't wait
Give me your hand, be a star."

I stay silent, alone
Shivering on the snow
"Come," says the crying sky
Dropping its freezing tears on me.

Sobbing, I don't answer
To the one who is calling "Come."
And look again at the snow I tread
With slow and painful steps.

Where I pass, where I step
The snow crackles, begins a song
A wretched and bitter strain
A languid, sad one.

"He's kicking me out, he's mean
He takes you, while you are with me
Poison I drink, a damn I give
This robber shall not see the dawn."

"Do not curse, do not be afraid
Snow, I love you
Stop the anger, listen now
Listen to what I have to say."

"Sky, I prefer to live alone
With the snow that freezes me
My soul, and strong love to the cold I give

I do not betray it.

Now chase away the clouds
Take the light, be bright
Forever I'll dwell in the blinding snow
In the company of wild beasts."

Even when the sun melts the ice
I run to the mountain tops
The snow remains
Calling me to its embrace.

Having no fear, I laugh with joy
Snow covers me as it falls
I see the animals run
I have achieved my goals.

ΠΕΘΑΝΕ

(ORIGINAL GREEK TEXT)

Πέθανε κι ήταν Κυριακή
Το τρεμούλιασμα των αστεριών την προηγούμενη ήταν το
Πανηγύρη τους.
Γιόρταζαν
Ναι γιόρταζαν γιατί θα πήγεναι κοντά τους
Κι ήταν Κυριακή μέρα χαράς.
Δεν ήταν η μάνα μου
Δεν ήταν η αγαπημένη μου
Δεν ήταν ξένη
Τότε ποιά ήταν;
Την έφερε η Ρωδοδάκτυλη ιώς
Από τα βάθη του παρελθόντος
Η από το σκοτεινό και αβέβαιο μέλλον;
Δεν ξέρω
Το μόνο που ξέρω είναι ότι πέθανε
Το μόνο που ξέρω είναι ότι άφησε τα όνειρα μου
Ονειρα.
Εγιναν λευκά τα όνειρα μου
Με τον θάνατο της
Κανείς δεν έκλαψε διότι ήταν Κυριακή μέρα χαράς

Κανένας δεν έκλαψε γιατί κανένας δεν την γνώριζε
Ημουν ο μόνος αμέτοχος της Κυριακής χαράς
Ας μην το έδειχνα, έκλεγε η ψυχή μου
Δεν έβλεπα τη χαρά γιατί αυτή είχε πεθάνει μέσα στη χαρά.
Και τώρα μισώ τη χαρά
Γιατί αυτή μου την πήρε
Τώρα ζω μόνος χωρίς την ελπίδα
Γιατί αυτή ήταν που πέθανε την Κυριακή
Την ημέρα που η φύση γιόρταζε.

PASSED AWAY

(TRANSLATED FROM: ΠΕΘΑΝΕ)

She died and it was Sunday
The twinkling of the stars the night before was their feast.
They were celebrating
Yes, they were celebrating because she would go to them
And it was Sunday, a day of joy.
She wasn't my mother
She wasn't my favourite
She was no stranger
Then who was she?
She was brought by the dawn of time
From the depths of the past
Or from the dark and uncertain future?
I do not know
All I know is that she died
All I know is that she left my dreams
Dreams.
They all turned blank with her death
No one cried because it was Sunday, a joyous day
No one cried because no one knew her
I was the only non-participant in that joy

Though I did not show it
My soul was crying
I did not see the joy because she died on a joyous day.
And now I hate happy days
Because she was taken from me then
And now I live without hope
Because hope was the one who died on Sunday
The day nature celebrated.

ΜΑΤΑΙΟΤΗΣ

(ORIGINAL GREEK TEXT)

Δεν έχει αξία πιά να λες
Πως υποφέρεις και να κλαις
Μες τη ζωή ετούτη
Είναι όλα μάταια εδώ
Χωρίς αξία και σκοπό
Ακόμα και τα πλούτη.

Είσαι θνητέ μια' μυγδαλιά
Στέκεις αντίκρυ στο χιονιά
Στο άγριο αγέρι
Δεν έχεις πλούτο στη καρδιά
Μόνο κακία κι απονιά
Και ματωμένο χέρι.

Πρέπει ν' αλλάξει η ζωή
Ν' αλλάξεις άμοιρε και' σύ
Για να χαρείς λιγάκι
Το χέρι σου μη ματωθεί
Πληγή από σε μην ανοιχτή
Αυτό να 'χεις μεράκι.

VANITY

(TRANSLATED FROM: ΜΑΤΑΙΟΤΗΣ)

There's no point in saying anymore
That you suffer and cry
In this life
All is in vain
Without value, purpose
Or riches.

You are a mere mortal
You stand facing the snow
In the wild wind
You have no goodness in your heart
But meanness, destitution
And a bloody hand.

Life must change, poor man
You must change too
To have a little fun
Don't let your hand be covered in blood
Don't open wounds to others
That's what your passion should be for.

PART II
FAMILY

ΤΟΥ ΔΡΟΜΟΥ ΤΟ ΑΓΟΡΙ

(ORIGINAL GREEK TEXT)

Κανείς ποτέ δεν σκέφθηκε
Του δρόμου το αγόρι
Που μέρα νύχτα εργάζεται
Στο κρύο ξεροβόρι.

Οταν στη ζέστη χαίρονται
Τα αλλά τα παιδάκια
Εκείνο μεσ' την παγωνιά
Πουλάει κουλουράκια.

Είναι μικρό και ορφανό
Προστάτης στη μανούλα
Που βρίσκεται κατάκοιτη
Στην κρύα καμαρούλα.

Πάρτε κουλούρια διαβατικοί
Αυτό δεν ζητιανεύει
Στο κρύο με υπομονή
Και με τιμή δουλεύει.

THE STREET BOY

(TRANSLATED FROM: ΤΟΥ ΔΡΟΜΟΥ ΤΟ ΑΓΟΡΙ)

Nobody ever cares
For the boy on the street
Working day and night
In the cold winter wind.

When in the warmth
All the other children rejoice
This one in freezing cold
Sells cookies to the beat.

Young and fatherless
Protector to his mother
She who lies sick
In a cold room, with hunger.

"Buy his cookies, pedestrians!
This boy is not begging.
In the cold, with patience,
And honour earns his pennies."

ΓΙΑΤΙ ΜΑΣ ΕΓΚΑΤΕΛΕΙΨΕΣ;

(ORIGINAL GREEK TEXT)

Κατάρα μια μου έδωσες
Πολύ να δυστυχήσω
Μα εγώ κακία δεν κρατώ
Ευχή πάρτη νε πίσω.

Τώρα εσύ παντρεύεσαι
Να είσαι ευτυχισμένη
Στο κάθε βήμα σου χαρά
Ο πόνος μου να γένει.

Πονάω σήμερα πολύ
Συντρίμμια η ψυχή μου
Γιατί μονάχη κι έρημη
Παντρεύεσαι χρυσή μου.

Μόνο ο κουμπάρος δίπλα σου
Κι αυτός που θα σε πάρει
Δυο κεριά ένας παπάς
Κι ένα προσκυνητάρι.

Σε μιά γωνιά της εκλησιάς
Στέκω κι σ' αντικρίζω
Αλλά γιατί στα μάτια σου
Χαρά δεν ξεχωρίζω;

Σημχώρα με, μα πνίγωμε
Ο πόνος θα περάσει
Θυμήσου εμάς όταν πονάς
Δεν σ'έχωμε ξεχάσει.

WHY DID YOU LEAVE US?

(TRANSLATED FROM: ΓΙΑΤΙ ΜΑΣ ΕΓΚΑΤΕΛΕΙΨΕΣ;)

You gave me a curse
Much to my dismay
I don't hold a grudge
I give my blessing.

Now you're getting married
Wish you to be happy
May my pain turn to joy
In every step you take.

I hold a lot of hurt today
My soul is cut to pieces
Because, you stand without us
Exchanging your vows.

Only the best man next to you
And the one you love
Two candles, one priest
And a pilgrim in a church.

In a corner hiding
I stand and look at you
Sadness cloaks your happiness
You ran from us, it's true.

Forgive me, I am drowning
The hurt I know will fade
Remember us when you are sad
Our love, with you, will stay.

ΚΑΠΟΙΟΣ ΝΑΥΤΗΣ

(ORIGINAL GREEK TEXT)

Κάποιος ναύτης σε λιμάνι
Κάποιας χώρας μακρινής
Είναι μόνος και θυμάται
Τα αδέλφια τους γονείς.

Στο μουράγιο περπατάει
Το κεφάλι του σκυφτό
Την πατρίδα πεθυμάει
Το μικρό του το χωριό.

Χρόνια τώρα ταξιδεύει
σχίζει τους ωκεανούς
Με τα κύματα παλεύει
Δεν τρομάζει τους καιρούς.

Στα λιμάνια που αράζει
Βλέπει πράγματα πολλά
Το κορμί του ξεκουράζει
Στων μουράγιων τη γωνιά.

Τη μανούλα του θυμάται
Την αγάπη την γλυκιά
Που τον περιμένουν πάντα
Στην πατρίδα μακριά.

Από τότε που 'χει αφήσει
Εκείνο τ' όμορφο νησί
Μια ελπίδα έχει μόνο
Να γυρίσει πάλι εκεί.

Πότε πότε βρε ναυτάκι
Την πατρίδα σου θα δεις
Στο κρεβάτι το δικό σου
Πότε θα ξεκουραστείς.

Τρυγηρίζεις τώρα μόνος
Στο λιμάνι, στη βροχή
Και του γυρισμού ο πόνος
Σου 'χει κόψει την πνοή.

SOME SAILOR

(TRANSLATED FROM: ΚΑΠΟΙΟΣ ΝΑΥΤΗΣ)

A sailor in a port
In some distant land
Is alone and remembers
Siblings, parents, with no end.

He walks on the jetties
His head bowed
He longs for his homeland
His small village.

Has been travelling for years now
Carving oceans apart
He fights with the waves
With no fear in his heart.

Docking at the ports
Sees so many things
Resting his weary body
In the lee of the wharfs.

He remembers his mother
And sweet love on the bay
Always waiting for him
In his homeland far away.

Since he left
His beautiful island
He has only one hope
To go back there again.

"When, weary sailor
Will you see your homeland?
When will you rest
On your own bed?"

Now alone and walking
In the rain, at the port
The pain of returning
Cuts your breathing so short.

ΚΟΡΙΤΣΙ ΤΟΥ ΛΑΟΥ

(ORIGINAL GREEK TEXT)

Φτωχό κορίτσι του λαού
Πολύ βασανισμένο
Η μοίρα σου σε κυνηγά
Οπου κι αν πας καημένο.

Πάντα χαράματα ξυπνάς
Και στη δουλειά σου τρέχεις
Αλλη χαρά εργάτρια
Δεν βλέπεις για να έχεις.

Το όνομα σου είναι γνωστό
Σ'όλη την οικουμένη
Ακούς να λεν' με θαυμασμό
Πως είσαι τιμημένη.

Ψάρι αδύναμο εσύ
Μέσα σε καρχαρίες
Φτωχή,ασήμαντη,μικρή
Στις υψηλές κύριες.

Σε σένα εμπιστεύονται
Αυτές την ομορφιά τους
Μα σε προσβάλουν πάντοτε
Σαν θα βρεθείς μπροστά τους.

Κατηγορούν εσένα ναι
Σαν ένα λάθος κάνουν
Πέφτει το χέρι τους βαρύ
Μέχρι να σε ξεκάνουν.

GIRL OF THE PEOPLE

(TRANSLATED FROM: ΚΟΡΙΤΣΙ ΤΟΥ ΛΑΟΥ)

Poor girl of the people
Tortured to no end
Your destiny is chasing you
Wherever you go, poor girl.

Always wake up early
And you run to work
You can't see to have
Any other joy.

Your name is known
All over the world
Hear them say with admiration
How honoured you are.

You weak fish
Into pools of sharks
Poor, insignificant and small
To the high society dames.

They trust you
To make them beautiful
But always insult you
If you step in front of them.

Yes, they always blame you
Mistakes when they make
Their wrath is falling heavily
On you until you break.

ΜΕΡΑ ΛΥΠΗΣ

(ORIGINAL GREEK TEXT)

Θεέ πατέρα των πάντων
Πες μου ποιόν να θρηνήσω
Αυτόν που 'φύγε μακριά
Η αυτούς που μείναν πίσω.

Αυτός που πήγε μακριά
Ο πόνος του έχει πάψει
Γ'αυτούς που τον πικράνανε
Φωτιά έχει ανάψει.

Εις την αγάπη της ζωής
Που πίσω έχει αφήσει
Πόνο της μαλακώσετε
Για τη φωτιά να σβήσει.

Εσείς που είστε μακριά
Απ τη δίκη του αγάπη
συχνά τηλεφωνήστε της
Πάντα να την θυμάστε.

DAY OF SORROW

(TRANSLATED FROM: ΜΕΡΑ ΛΥΠΗΣ)

God, father of all
Tell me who to mourn
The one who died
Or those who stayed behind.

The one who went far
His pain has stopped
For those who made him bitter
A fire has been lit.

The love of his life
He has left behind
Family soften her pain
So the grief can subside.

"You who are far away
From his only love
Please call her often
Always remember her."

Η ΤΥΧΗ ΤΟΥ ΜΕΤΑΝΑΣΤΗ

(ORIGINAL GREEK TEXT)

Ενας γέρος βασανισμένος
Από τα χρόνια τσακισμένος
Μόνος ζη στο φτωχικό του
Περιμένοντας τον γιό του.

Στα μαλιά του πέσαν χιόνια
Από τα πολλά τα χρόνια
Απ' της πίκρες τις πολλές
Και της τόσες συμφορές.

Πριν να χάσει την καλή του
Και το λατρευτό παιδί του
Πριν το πάρει η ξενιτιά
Ζούσε τότε μια χαρά.

Μα όταν πέθανε εκείνη
Αρχισε γι αυτόν η οδύνη
Και το άτυχο μικρό του
Εφυγε απ' το χωριό του.

Εφυγε να πάει στη ξενιτιά να
Κάνει όπως έλεγε λεφτά
Μα σαν έφτασε εκεί
Δεν βρήκε μια δουλειά καλή.

Μες τους ξένους ήταν ξένος
Και πολύ κατατρεγμένος
Απ' τη μοίρα τη σκληρή
Που τον κτύπησε πολύ.

Η θέληση τον άφησε
Η τύχη τον παράτησε
Σε μια ξένη γη
Χωρίς να δη καλή αυγή.

Τώρα φτωχός πάντα θα ζη
Για να βγάλη το ψωμί
Χαμάλης όλο θα δουλεύει
Οπως του χτυπάνε θα χορεύει.

Δεν έχει για δάκρυα μαντήλι
Χρήμα γράμμα για να στήλει
Στον φτωχό του τον πατέρα
Που τον περιμένει εκεί πέρα.

Από την πολύ δουλειά
Πέφτει άρρωστος βαριά
Και το άλλο το πρωί
Είναι πια χωρίς πνοή.

Η μοίρα του το είχε πει
Πως στα ξένα θα χαθεί
Δεν θα δει μια άσπρη μέρα

Και τον δόλιο του πατέρα.

Κι ο πατέρας με καημό
Εχει αφήσει το χωριό
Σιγά σιγά κι μάνι…μάνι
Πήγε κάτου στο λιμάνι.

Εστησε κει το σπιτικό του
Περιμένοντας το γιο του
Κι η ελπίδα η κρυφή του
Είναι να γυρίσει το παιδί του.

Είναι κρίμα να μην ξέρει
Πως εκεί στα ξένα μέρη
Οτι η τύχη η κακή του
Εχει θάψει το παιδί του.

Μοίρα σκληρή, μοίρα κακιά
Εσύ μας παίρνεις τη χαρά
Μας δίνεις μαύρες συμφορές
Κ' είναι βαριές πολύ βαριές.

THE FATE OF THE IMMIGRANT

(TRANSLATED FROM: Η ΤΥΧΗ ΤΟΥ ΜΕΤΑΝΑΣΤΗ)

A tortured old man
Crushed by the years
He lives alone
Waiting for his son.

Snow fell on his hair
In all those years
From the many battles
And bad misfortunes.

Before he lost his love
And his adorable child
Went to other lands
He was living fine then.

But when his wife died
And his loving son
Left the village
The suffering for him began.

His son went to foreign lands
To make, as he said, money
But when he got there
He didn't find a good job.

Among strangers, was a stranger
And very upset
From fate's cruel hand
Which hit him hard.

The will to work left him
Luck deserted him
In that foreign land
Without a good day.

Now he is destitute
And to get food
He dances to the beat
Of cruel people's wishes.

He has no handkerchief for tears
Money to post a letter
To his poor father
Waiting for him back home.

From too much work
He falls so ill
And the next morning
His breath has fled.

Fate had told him so
How he will be lost abroad
He will not see a good day

Or his poor father again.

His father, full of sorrow
Now has left his home
Little by little, slow…slow
Ventured down to the port.

He set a hut out there
Waiting for his son
And his hidden hope was
Home, his boy would come.

It's a shame he doesn't know
How there in foreign lands
Their luck is diminished
His son is now dead.

Cruel fate, evil fate
You take away our joy
You give us black calamities
Heavy is the toll.

HTAN

(ORIGINAL GREEK TEXT)

Ηταν ένα παλικάρι
Εφυγε μεσ' τη νυχτιά
Μες το κρύο του γενάρη
Εψαχνε να βρει χαρά.

Μια χτύπησε η ώρα
Και ακόμα να φανεί
Χάθηκε μέσα στη μπόρα
Τη χαρά χωρίς να βρει.

Ηταν ένα παλικάρι
Με λεβέντηκη καρδιά
Δύναμη είχε σαν λιοντάρι
Τον παντρεύτηκε η νυχτιά.

THERE WAS

(TRANSLATED FROM: HTAN)

There was a lad
Who left in the night
In the cold winter
Searching for destiny.

Time has passed
And failure dogged him
His journey, stormy
With no joy to find.

He was a brave lad
With a valiant heart
The strength of a lion
But death still found him.

ΚΑΤΩ ΑΠΟ ΤΙΣ ΚΑΣΤΑΝΙΕΣ

(ORIGINAL GREEK TEXT)

Κάτω από τις καστανιές
Τα σκιερά πλατάνια
Τα χελιδόνια τραγουδούν
Χαρούμενα τραγούδια
Κι οι πεταλούδες άρχισαν
Χορό με τα λουλούδια.

Πάνω που λιώσαν στων βουνών
Της κορυφές τα χιόνια
Κι η φύσης αναδεύετε
Σαν ο ήλιος την αγγίζει
Κάποιος καινούργιο πόλεμο
Στην αγκαλιά του χάρου αρχίζει.

Αυτός ο κάποιος τον κοιτώ
Και η ψυχή μου κλαίει
Τα μάτια του μισάνοιχτα
Με πίκρες γεμισμένα
Πατέρας ειν' εφτά παιδιών
Μισά ξενητεμένα.

Καλώντας τη μανούλα του
Και το μικρό αδελφό του
Αναστενάζει με καημό
Για απάντηση δεν παίρνει
Για δε θυμάται πως κ οι δύο
Χρόνια 'ναι πεθαμένοι.

"Παιδιά μου," λέει συνεχών
"Πεθαίνω δε μ' ακούτε,
Χάρος τη πόρτα μου χτυπά
Κι ο ήλιος πάει να δύσει
Γιέ μου που είσαι σε καλώ
Τα μάτια να μου κλήσεις."

Τα δάκρυα στα μάτια του
Κυλούν μαργαριτάρια
Σαν της αγάπης τ' όνομα
Γλυκά μονολογεί
"Γυναίκα, φύγε μακριά
Εδώ δεν ειν' γιατροί.

Πάρτε μακριά τη μάνα σας
Είναι άρρωστη το ξέρω
Παιδιά μου τρέξετε
Μη χάνεται λεπτό
Βγάλτε το εισιτήριο
Γιατί έχει πυρετό."

Και η Πηγή σαν μια σκιά
Που κούραση δεν ξέρει
Μετρώντας του την πίεση
Μισό απελπισμένη
Του λέει απαλά στο αυτί

"Μάνα είναι γιατρεμένη."

Στης μάνα της τη θύμηση
Πουν' στο νοσοκομείο
Ανήσυχα αισθάνεται
Για ψέματα του λέει
Γιατί και 'κείνη άρρωστη
Στο θαλαμό της κλαίει.

Ξέρει ο χάρος έρχεται
Το ταίρι της να πάρει
Και δεν είναι στο πλάι του
Το χέρι του να πιάσει
Καλό ταξίδι να του πει
Να μην τήνε ξεχάσει.

Και μας αφήνει φεύγοντας
Προς τ' άυλα παλάτια
Ευχαριστώντας το Θεό
Την πόρτα του'χει ανοίξει
Ευχαριστώντας τον Χριστό
Ο πόνος έχει λήξει.

Και κάτω από τις καστανιές
Τα σκιερά πλατάνια
Τα χελιδόνια τραγουδούν
Χαρούμενα τραγούδια
Κι οι πεταλούδες συνεχούν
Χορό με τα λουλούδια.

UNDER THE CHESTNUT TREES

(TRANSLATED FROM: ΚΑΤΩ ΑΠΟ ΤΙΣ ΚΑΣΤΑΝΙΕΣ)

Under the chestnut trees
Under shady oaks
The swallows are singing
Happy songs
And the butterflies started
Dancing on the flowers.

While the snow melts
On the mountain peaks
And nature stirs
As the sun touches her
Somebody, a new war begins
In the embrace of death.

This someone I'm looking at
Makes my soul bleed
The expression in his eyes, aloof
Filled with pain and sorrow
Most of his children are afar
He cannot say goodbye.

Calling his mother and young brother
He sighs with despair
Not getting an answer
He does not remember
That both are gone
They died years ago.

"My children," he keeps saying,
"I'm dying, don't you hear me?
For death is knocking at my door
The sun is going down
My son, where are you to close my eyes?
I am dying."

The tears in his eyes
Are rolling like pearls
When he sweetly monologues
The name of his love.
"Woman, leave this place now
There are no doctors here.

My children, now run
Take your mother away
I know she is very sick
A moment, do not lose
Go get the tickets now
She is burning with a fever."

And Peggy like a shadow
Who never seems to tire
Half-desperate
She takes his blood pressure
And whispers in his ear

"Mother is better now."

With speaking those words
Peggy feels so very anxious
For lying to her father
Because mother is also very sick.
Crying in her room
With no one around.

Her mother knows death is coming
To take her Love away
And she is not by his side
To hold his hand
Wishing him good journey
To ask him not to forget her.

And he leaves us going
To intangible palaces
Thanking God
He has opened the door for him
Thanking Christ
His pain has fled.

And under the chestnut trees
And in the shady oaks
The swallows are singing
Happy songs
And the butterflies continue
Dancing on flowers.

PART III
LOVE

ΣΤΗΝ ΑΚΡΟΓΙΑΛΙΑ

(ORIGINAL GREEK TEXT)

Το κορίτσι στ' ακρογιάλι
Σκέφτεται, σκέφτεται
Οτι σήμερα γιορτάζεις
Χαίρετε, χαίρετε.

Με λυμένα τα μαλλιά της
Με τα πόδια της γυμνά
Με τη θάλασσα μιλάει
Την θερμοπαρακαλά.

"Σήμερα μην αγριεύεις
Θάλασσα ,θάλασσα
Κοίμησε τα κυματά σου
Στα βαθειά, στα βαθειά.

Η αγάπη μου γιορτάζει
Και του στέλνω ενα φηλί
Μόνος του αναστενάζει,
Το ταξίδι του μακρύ."

ON THE BEACH

(TRANSLATED FROM: ΣΤΗΝ ΑΚΡΟΓΙΑΛΙΑ)

The girl on the beach
Is thinking, is thinking
Today is your birthday
She's happy, she's happy.

Hair loose in the wind
Bare feet on the sand
She talks to the sea
Pleading with her.

"Don't be wild today
My sea, my sea
Place your waves
In the depths, in the depths.

He celebrates alone
And I send him a kiss
He sighs in sadness
His journey an abyss.

ΤΙ ΘΑ 'ΘΕΛΕΣ ΝΑ 'ΣΑΙ

(ORIGINAL GREEK TEXT)

Τι θα 'θελες να 'σαι
Αυτόν το καιρό
Να λες και να θυμάσαι
Οταν έχεις εγγονό;

Μια ερώτησι τέτοια
Μου 'κάναν προχθές
Και με 'βάλαν αλήθεια
Σε σκέψεις πολλές.

Πέρνοντας την ευκαιρία
Λέω με τον εαυτό μου
Οτι έφτασε η ώρα για να
Πω και τον καημό μου.

Θέλω να 'μαι το άστρο
Που εσύ θα κοιτάς
Θέλω να 'μαι το κάστρο
Της δικής σου καρδιάς.

Οι κεραυνοί και οι μπόρες
Που θα 'ναι για σένα
Και οι δύσκολες ώρες
Να πέφτουν όλες σε μένα.

Θέλω να 'μαι η μόνη
Στην ψυχή σου ελπίδα
Στη ζωή σου τιμόνι
Στο σκοτάδι σου ηλιαχτίδα.

Συντρόφος στη χαρά σου
Στον μεγάλο σου καημό
Σ' όλα τα ονειρά σου
Να 'μαι πάντα εγώ.

Να 'μαι αυτή που αγαπάς
Και που πάντα σε παιδεύει
Να 'μαι αυτή που λαχταράς
Και ψυχρά σε κοροϊδεύει.

Κι όμως δεν είμαι κανένα
Από αυτά που ποθώ
Η καρδιά μου στάζει αίμα
Αχ γιατί να μην μπορώ;

WHAT WOULD YOU LIKE TO BE?

(TRANSLATED FROM: ΤΙ ΘΑ 'ΘΕΛΕΣ ΝΑ 'ΣΑΙ)

What would you like to be
These current days?
To remember and tell
When grandchildren, you have?

Taking the opportunity
I say to myself
That time has come
To tell all my woes.

I want to be the star
You look at when dark
I want to be the castle
Of your own heart.

In thunder and storms
You will be going through
In all your falls
I want to be there with you.

I want to be the one
To bring hope in your soul
In your life, a guide
When sad, a ray of sunshine.

Partner to your joys
I want to be there
When hard times rise
I want to take care.

To be the one you love
And who always chastises you
To be the one you long for
And coldly mocks you.

And yet I am not any
Of what I desire to be
My heart is bleeding
Oh why can't I?

ΓΙΑ ΣΕΝΑ

(ORIGINAL GREEK TEXT)

Για σένα που ήρθες
Απρόσκλητος απόψε
Για σένα τραγουδώ.

Για σένα η καρδιά μου
Φτερούγισε, για σένα
Απρόσκλητο αγόρι χλωμό.

Για μένα έλα απρόσκλητε απόψε,
Εμπα στον κήπο μου
Και κόψε ένα λουλούδι.

Ενα λουλούδι δροσερό
Μόνο για μένα.

FOR YOU

(TRANSLATED FROM: ΓΙΑ ΣΕΝΑ)

For you
Who came uninvited tonight
For you, I sing.

For you
My heart fluttered
For you, uninvited pale boy.

For me
Tonight, come into my garden
And pick a flower.

A beautiful flower
Only for me.

ΤΡΕΞΕ

(ORIGINAL GREEK TEXT)

Τρέχα με τον άνεμο
Ελα με τ' αγέρι
Ελα έλα να με βρης
Μεσ' το καλοκαίρι.

Τρέξε αγόρι αψυλό
Γίνε το καλοκαίρι
Κράτα καθάριο ουρανό
Να μη χαθεί τ' αστέρι.

Τρέχα με τον άνεμο
Γιατί σε αγαπώ
Θα 'με σε απάνεμο
Να σε καρτερώ.

Κάνε κύκλο γύρο μου
Και προστάτεψέ με
Σαν περάσει η θύελλα
Σκύψε φιλησέ με.

RUN

(TRANSLATED FROM: ΤΡΕΞΕ)

Run with the wind
Come to me quickly
Come and find me
In the summer's heat.

Run my gorgeous man
Be my sunny summer
Keep the skies clear
Not to lose our star.

Run with the wind
Because I love you true
I'll be in our shelter
Waiting for you.

Put your arms around me
Protect me from the cold
As the storm passes through
Kiss me for the toll.

ΕΊΧΑ

(ORIGINAL GREEK TEXT)

Είχα ένα αστέρι μα πέταξε ψηλά
Μ' άφησε μόνο μεσ' τα σκοτεινά
Είχα μια αγάπη μα την έχασα
Ομως δεν ξέχασα τι μου 'χε πει.

Με αγαπούσε δεν με γελούσε
Αρα αναγκάσθηκε να με αρνηθεί
Ετσι αγάπη μου θα περιμένω
Πάλι κοντά μου να ξαναρθεί.

Αφού αναγκάστηκε
Να μ' αρνηθεί.

Μήνες και χρόνια θα περιμένω
Πάλι κοντά μου να ξαναρθεί
Η καρδιά μου θα περιμένει
Η αγγαλιά μου θα 'ναι ανοικτή.

Αφού αναγκάστηκε
Να μ' αρνηθεί.

"Πρόσεχε αγάπη μου
Αυτού στα ξένα, σ' αυτή τη γη
Η νοσταλγία να μην αφήσεις
Απ' την ψυχή σου ποτέ να βγη."

I USED TO HAVE

(TRANSLATED FROM: E'IXA)

I had a star but it flew away
Left me alone in the dark
I had a love but I lost it
Did not forget what he told me.

He loved me, was not a lie
He had to go
So for him, I'll wait
To come to me.

After being forced
To leave.

Months and years I'll wait for him
Again to return
My heart will wait
My embrace will be open.

After being forced
To leave.

"Be careful, my love
Away abroad
Don't allow nostalgia
To ever leave your soul."

ΑΓΑΠΗ

(ORIGINAL GREEK TEXT)

Οταν κοντά σου ήμουν αγάπη
Κοντά μου ήταν η χαρά
Τώρα μεσ' στο παλάτι σου, μεσ' την καρδιά μου
Τώρα η λύπη κυβερνά.

Τα πάντα νιώθουν τον πόνο μου
Σαν η καρδιά μου κτυπά θλιβερά
Ο ουρανός μου γίνεται γκρίζος,
Η φύσις μελαγχολία για με φορά.

Τι κι' αν σε δρόμους μέσα βαδίζω
Με κόσμο να, αράχνες βλέπω,
Μαύρους κληστούς ορίζοντες
Και ερημιά.

Πόσο θέλει να 'σαι κοντά της
Τώρα η ψυχή μα
Μόνο η σκέψης έχει την χάρι,
Η πίκρα γίνεται θολή βροχή.

LOVE

(TRANSLATED FROM: ΑΓΑΠΗ)

When I was near you my love
Near me was the joy
Now your palace, in my heart
Only sorrow rules.

As my soul cries out
The sky turns grey
All around joins in,
Nature wears my pain, I'd say.

In streets filled with people
I only see spiderwebs
Black, closed horizons
Wilderness with no end.

How much my soul
Now wants you near
Only in my thoughts you are
I cannot survive, I fear.

ΜΕΓΑΛΗ ΑΓΑΠΗ

(ORIGINAL GREEK TEXT)

Αγάπη μου μεγάλη
Γιατί γιατί γιατί;
Μ' αφήνεις μοναχή μου
Σε τούτη τη ζωή.

Πας με μια άλλη
Που σου πήρε τα μυαλά
Και φεύγεις μακριά μου
Λατρεία μου χαρά.

Λησμόνησες τους όρκους
Που μου 'πες μια φορά
Αγάπη μου μεγάλη
Την πρώτη μας βραδιά.

Πρώτη μου αγάπη
Θα πάω Να σκοτωθώ
Αφού εσύ μου φεύγεις
Θα βρω το λητρωμό.

GREAT LOVE

(TRANSLATED FROM: ΜΕΓΑΛΗ ΑΓΑΠΗ)

My big love
Why, why, why?
You leave me alone
In this life.

You go with another
Who blew your mind
You walk away from me
My worship, my joy.

You forgot the vows
My only love
You said to me once
On our first night.

My first love
I will kill myself
Since you are leaving me
I will find peace then.

ΓΥΡΝΑ ΞΑΝΑ ΣΤΟ ΣΤΑΘΜΟ

(ORIGINAL GREEK TEXT)

Δώσε μου τώρα στα χείλη
Το τελευταίο φιλί
Κλαίνε μαζί μου οι φίλοι
Κλαίνε και οι ουρανοί.

Φεύγεις πετάς μακριά μου
Μ' άλλης ελπίδας φτερά
Χίλια κομμάτια καρδιά μου
Ερημο πουλί στο βοριά.

Πόσος καιρός θα περάσει
Δίχως φτερούγες να ζω
Αν ξενητιά σε κουράσει
Γύρνα ξανά στο σταθμό.

Απόψε απόψε πεθαίνω
Σε τούτον εδώ το σταθμό
Φεύγ' η ψυχή μου μαζί σου
Το σώμα μου κρύο νεκρό.

RETURN TO THE STATION

(TRANSLATED FROM: ΓΥΡΝΑ ΞΑΝΑ ΣΤΟ ΣΤΑΘΜΟ)

Now give to my lips
Our last kiss to hold
My friends cry with me
The heavens cry too.

You fly away from me
With wings of another hope
A thousand pieces my heart
Deserted bird in the north.

How long will it be?
I can live without wings
If strangeness tires you
Come back to me.

Tonight, tonight I'm dying
At the station seeing you go
My soul departs with you
My body…cold, lifeless, dead.

ΑΠΟΨΕ

(ORIGINAL GREEK TEXT)

Δύο μάτια απόψε κλαίνε
Μια καρδιά έχει σχισθεί
Μια αγάπη πεθαμένη
Ενα αστέρι έχει χαθεί.

Το γνωστό μας το σοκάκι
Μένει έρμο σκοτεινό
Το φανάρι της γωνίας
Θα 'ναι πάντοτε σβηστό.

Στο παλιό το ταβερνάκι
Που πηγαίναμε ως 'χτες
Το τραπέζι μας προσμένει
Κι οι καρέκλες αδειανές.

Παγωνιά γύρο τριγύρω
Στην καρδιά μου ερημιά
Και για μόνη συντροφιά μου
Εχει μείνει η μοναξιά.

TONIGHT

(TRANSLATED FROM: ΑΠΟΨΕ)

Two eyes are crying tonight
A heart has been torn
A love dead
A star is lost.

Our familiar alley
Remains pitch dark
The corner light
Will always be off.

In the old tavern
Our meeting place
The table is waiting
And the chairs are empty.

Freezing round and round
Wilderness in my heart
My only company
The loneliness is left.

Ο ΠΟΤΑΜΟΣ

(ORIGINAL GREEK TEXT)

Είναι θολός ο ποταμός
Κι εσύ στην άλλη άκρη
Να τον διαβώ δεν ημπορώ
Αστήρευτο το δάκρυ.

Τη γέφυρα που ένωνε
Τις δυό μας τις καρδιές
Την γκρέμησε η ζήλια
Και κλαίω εγώ και κλαίς.

Κλαίει μ' εμάς ο ουρανός
Σβύνουνε και τ' αστέρια
Και απλωμένα στο καινό
Μένουν τα δυό μας χέρια.

Πολύς ο πόνος της ψυχής
Πολύ το δάκρυ τρέχει
Μαζί με το ψυχάλησμα
Το προσωπό μας βρέχει.

Μα κάποτε ο ποταμός
Πάλι θα ξαστερώσει,
Η γέφηρά μας θα στηθεί
Τους δυό μας να ενώσει.

THE RIVER

(TRANSLATED FROM: Ο ΠΟΤΑΜΟΣ)

The river is so murky
You on the other side
Crossing it now, I cannot
My tears do not stop.

The bridge connecting us
Supporting our hearts
Evil was jealous of it all
And tore it all apart.

Heaven is crying with us
The stars do also fade.
Stretched out in emptiness
Our hands now remain.

Great the pain of the soul
A torrent of tears fall
Merging with the raindrops
Down our faces crawl.

But knowing the river
Will turn in time clear.
New bridge will be built
To join our love, my dear.

ΓΝΩΜΕΣ ΚΑΙ ΑΝΤΙΓΝΩΜΕΣ

(ORIGINAL GREEK TEXT)

Λέω, ο έρως δεν είναι άνθος
Να μαραθεί να πέσει
Είναι αγκάθι και κισσός
Κι αλοίμονο όπου δέσει.

Λες, ο έρως είναι αλίμονο
Ανθος εφημερίας
Ο ανωτέρω ποιητής
Είναι αισθηματίας.

Λέω, ρεαλιστή ρεαλιστή
Φύγε κι χάσου απ' τη ζωή
Θέλ' ο θνητός να ονειρευτή
Εστω μιά ψεύτικη ζωή.

Λες, μόνο αγάπη είναι αλήθεια
Οχι στο όνειρο να ζη
Μα να μένει μεσ' τα στήθια
Ολη ετούτη τη ζωή.

OPINIONS AND COUNTER OPINIONS

(TRANSLATED FROM: ΓΝΩΜΕΣ ΚΑΙ ΑΝΤΙΓΝΩΜΕΣ)

"I say, Cupid is not a flower
To wither and fall
It is a thorn and ivy
And woe where it grows."

"You say, Cupid is woe
Flower ephemeral
The above poet
Only sentimental."

"I say, Realist, Realist
Run away, lose yourself
Mortals want to dream
Be it a fake life."

"You say, only love is true
Not to live in a dream
Let it be in one's heart
For life as a beam."

Η ΑΓΑΠΗ ΠΟΥ ΖΗΤΑΩ

(ORIGINAL GREEK TEXT)

Τα νεκράνθεμα μυρίζουν
Το λιβάνι ευωδιά
Την καρδιά μου πλημμυρίζουν
Πόνος, δάκρυα καυτά.

Την αγάπη μου κηδεύω
Τούτη τη γλυκιά βραδιά
Γιατί λέει σε λατρεύω
Μα γώ θέλω συντροφιά.

Η Καρδιά μου πληγωμένη
Η αντίληψης σωστή
Η ψυχή απελπισμένη
Μα η γνώμη σταθερή.

Τι την θέλεις την αγάπη
Σαν φιλιά μόνο ζητά
Κια που είναι όλο απάτη
Κια που είναι δολερά;

Τέτοια αγάπη να μου λήψη
Αχριστη μου είναι ποιά
Γιατί φέρνει πάντα λύπη
Στη θλιμμένη την καρδιά.

Η αγάπη που ζητάω
Δεν υπάρχει εδώ στη γη
Τουτ' ειν' ψεύτικη και πάω
Εκεί που είναι αληθινή.

THE LOVE I ASK FOR

(TRANSLATED FROM: Η ΑΓΑΠΗ ΠΟΥ ΖΗΤΑΩ)

Coffin sprays hold aroma
The priest's incense is fragrant
My heart is flooding
With pain, with burning tears.

I am burying my love
This sweet night
Because he says I love you
But company I want.

My heart is broken
The perception is correct
The soul is desperate
But the opinion, firm.

Why do you want the love
That only asks for kisses?
Why embrace the falsehood
And all the lies that is?

Such love to me is useless
I have no use for it
It always brings a sadness
To mind and the heart.

The love I ask for
Does not exist on earth
It's fake and I'm going
Where it lives for real.

ΤΟ ΔΕΝΤΡΟ

(ORIGINAL GREEK TEXT)

Ετος 1966

Πες μου γιατί να μη μπορώ
Να σ' αγαπώ αιώνια
Πες μου γιατί να 'χω καημό
Στα δεκαεφτά μου χρόνια.

Οταν θα έχεις παντρευτή
Δεν πρόκειται να κλάψω
Σε ένα τάφο ένα κερί
Θα πάω για ν' ανάψω.

Η αγάπη θάναι ζωντανή
Στο τάφο σαν θα πέσει
Και θα φυτέψω εκεί δεντρί
Ν' ανθήσει και να δέσει.

Η αγάπη μου θα χαραχτεί
Στου δέντρου τον κορμό

Ολα τα φύλα του μαζί
Θα έχουν τον καημό.

Αφού η αγάπη μου η πικρή
Δεν σ' έφερε κοντά μου
Θά 'χω εκείνο το δεντρί
Μόνη παρηγοριά μου.

Αν θα διαβείς καμιά φορά
Με πόδια κουρασμένα
Κάθησε κάτω απ τη σκιά
Κι αν θες θυμήσου εμένα.

Αν δεν μπορείς να θυμηθείς
Δυο μάτια λυπημένα
Ακουσε τότε τα πουλιά
Θα κελαηδούν θλιμμένα.

Θα λεν' για την αγάπη μου
Που έδιωξες νωρίς
Και που εχώθει ζωντανή
Στο χώμα που πατείς.

Και αν ακόμα η μνήμη σου
Δεν φτάσει ως εμένα
Διάβασε τότε στον κορμό
Αυτά που 'ναι γραμμένα.

Οταν τα φύλα θα σε δουν
Λίγο να 'χεις δακρύσει
Θα πέσουν και θα μαραθούν
Και ο κορμός θα τρίξει.

Τα γράμματα θα σβήσουνε
Που είναι στον κορμό
Τα φύλα θ' αφανίσουνε
Τον πρώτο μου καημό.

THE TREE

(TRANSLATED FROM: ΤΟ ΔΕΝΤΡΟ)

1966

Tell me why I can't
Love you forever
Why I should be miserable
At the age of seventeen.

When you marry
I'm not going to cry
On a grave a candle
I'm going to light.

Love will be alive
In the grave as it falls
I will plant a tree there
To bloom and grow.

My love will be engraved
Deep on the tree trunk

While leaves together
Will hold my misery.

Because me loving you
Didn't bring you close to me
My only consolation
I will have that tree.

If you ever pass by it
With weary legs
Sit under the shady tree
If you want, remember me.

If you cannot remember
My two sad eyes
Listen to the wise birds
As they sadly chirp.

They will sing about my love
Which you left for dead
And it's buried alive
On the ground you tread.

If still your memory
Won't bring me to your mind
Read the carving in the trunk
To see what is written there.

When the leaves can see
Your tears running down
Their pain will fall and wither
In relief the trunk will groan.

The letters will be erased
Those written on the trunk
The leaves will disappear
The woe from my heart.

ΣΩΜΑ ΚΑΙ ΨΥΧΗ

(ORIGINAL GREEK TEXT)

Ετος 1969

Ψυχή μου αισθανόσουν τόσο μόνη
Εκλαιγες κρυφά.
Παχύς, άσπρος αφρός έβλεπες μόνη τα δάκρυα σου.
Με πόνο σήκωσες το κορμί σου και βγήκατε έξω.
Και 'κει τον είδα...είδα εκείνον
"Να η αγάπη σου," φωνή ελάλησε.
Ο ψυχή! Πόση ελπίδα!
"Στάσου, μην γοργόδιαβένεις
Γύρισε κατά 'δω, θέλω να σε ιδώ."
Μα εκείνος φεύγει, προχωρεί
Πόσος πόνος!
Και είναι ψηλά εκεί στον ουρανό
Βαδίζει πάνω σε λευκά σύννεφα!
Μα γιατί δεν γυρίζει;
Ο ήλιος με θαμπώνει και δεν ξεχωρίζω το πρόσωπο του,
Ούτε το χρώμα των ρούχων του, μόνο την κορμοστασιά του
Και είναι πανώρια.

Ω ψυχή μου νάτος φεύγει, φεύγει να τον κρύψουν τα σύννεφα.

Τα πόδια μου δεν έχουν άλλο έδαφος εμπρός τους για να μπορέσουν τα μάτια να δουν.

Πόσο θα αγωνιάς ακόμα; ψυχή μου
Και δεν τον γνώρισες!
Πάλι μόνη σέρνοντας το κορμί μου μαζί σου πας να κρυφθής
"Τι απόλαυσις αυτό εδώ το μέρος και τι δροσιά!"
Σαρκάζει η ξανθιά γυναίκα που στέκει ολόρθη εμπρός στο κουλουριασμένο μου κορμί.

Πάγος παντού σαν η ψυχή νιώθει μόνη και το κορμί τρέμει
Τι κρύο μέσα κι έξω!
Αγρια σε αρπάζουν, σε πετούν σε μέρος στενάχωρο, ανυπόφορο.

Με νομίζουν τρελή!
Αργησαν που μας βρήκαν
Αργά προσπάθησαν κλείσουν την πόρτα του κελιού σου
Τόσο αργά ώστε είδαν το μαρτύριό μου
Κάποιο πράγμα εκεί στα κρυφά τραβά τα μαλλιά μου αργά αργά απαίσια πονεμένα.

"Τι κάναμε τόσο καιρό στο κορίτσι;"
Ξεσκίζει το πρόσωπό της η ξανθιά γυναίκα .
Και με παίρνουν.

Σε μία μπλε βεράντινη καρέκλα πιότερο μόνη σου τώρα κλαις.

Μακριά αχτένιστα μαλλιά σκεπάζουν το πρόσωπο
Ξάφνου...εκείνος πίσω μου...
φιλάει τα μαλλιά μου...
Είναι μήπως απάτη; οχι δεν είναι απάτη
Είναι εκείνος που έλουσε ο ήλιος σαν διάβαινε το δρόμο με τα σύννεφα.

"Ω δάκρυα φύγετε να δω επιτέλους το προσωπό του!

Χωρίζω τα μαλλιά μου και τα ρίχνω κάτου
Θέλω να γίνω όμορφη
Για εκείνον.
"Όοοοχι! Γιατί;
Πόνε που κόβεις την πνοή,
Γιατί δεν με τελειώνεις;
Πάρε με μαζί σου γιατί εκείνος
Πάλι φεύγει χωρίς καν να δω ούτε το προσωπό του."
"Τι στέκεσαι; Τι καρτερής αφού εκείνος φεύγει;"
Αθλιο κουρέλι ψυχή και σώμα μου κυλιέστε στο χώμα.
Ακριτε πόνε ανεκλάλητε
Πόσο κρατάς ακόμα;"
Ηρθε η μάννα.
Η μάννα αυτού που βάδιζε στα σύννεφα.
Ολοι δείχνουν αγάπη, ζεστασιά τώρα.
Φαίνονται να θέλουν το καλό μου τόσο πολύ ώστε
"Πρέπει να την βάλομε στο 'ειδικό σπίτι', θα βρει καινούργιους φίλους,
Θα αγαπήσει πάλι," ειπε μία φώνη παράξενη
Το κορμί μου κουλουριασμένο
Μα σύ ορθώνοσαι ψυχή
"Εχω αγάπη, έχω εκείνον."
Η ξανθιά γυναίκα ένιωσε την ειρωνία
Βαριά τα δυό χαστούκια έπαισαν στο προσωπό μου
Ενιωσες αγριότερο το 'ειδικό σπίτι' μπροστά σου.
"Σ' εκείνον θα πάω."
Καί πάλι πήρες το κορμί μου
Μα τώρα το 'ντησες στ' άσπρα

Μάζεψες τον παχύ άσπρο αφρό των δακρύων σου
Κι έραψες το νυφικό μου
Νιώθομε λιγότερη μοναξιά τώρα
Και χαμογελάς

Χαμογελάς;! Και ελπίζεις.
Χαμένα κορμιά γελούν ηλίθια
Στο περασμά μας, στην ελπίδα μας.
"Παραμερίστε, δεν ήρθα για σας."
Και πάλι γελούν ηλίθια μα ανοίγουν δρόμο.
Κάπου εκεί, κάπου πιο πέρα
Πρέπει να είναι εκείνος,
Πάνω από τα χαμένα κορμιά.
Νιώθεις την πανώρια κορμοστασιά του,
Το μόνο που ξέρεις δικό του.
Να επιτέλους είναι εκεί...
Μέσα σ' ένα παχύ άσπρο αφρό.
Σαν τον αφρό των δακρύων σου ψυχή μου, του νυφικού μου!
Νεκρός!
Γιατί δεν πονάς πλέον;
Γιατί δεν πονώ;
Μήπως στην κορυφή του πόνου είναι λήτρωσις;
Η; τρέλα;

BODY AND SOUL

(TRANSLATED FROM: ΣΩΜΑ ΚΑΙ ΨΥΧΗ)

1969

My soul, you were feeling so alone
You were secretly crying.
You alone could see the thick white foam of your tears
With pain you lifted my body and went outside.
And there I saw him…I saw him
"Here's your love," a voice said.
Oh, my soul! How much hope!
"Stop, don't run.
Turn this way, I want to see you."
But he leaves, moves on.
So much pain!
And he is up there in the sky
He walks on white clouds!
But why doesn't he come back?
The sun in my eyes and I can't make out his face,
Not even the colour of his clothes, just his build
And it's heavenly.
O my soul, there he goes disappearing in the clouds.

Feet have no other ground before them for the eyes to see
How much more will you struggle, my soul?
And you didn't meet him!
Alone again, dragging my body with you, we go hiding
The blonde woman standing straight in front of my curled body gasps with sarcasm,
"How do you enjoy this place and how cool it is?"
Ice everywhere as the soul feels alone and the body trembles
How cold inside and out!
They grab you wildly, throw you into a cramped, unbearable room.
They think I'm crazy!
It took them a while to find us
Late they tried to close your cell door
So late they saw my torment
Something in there secretly pulling at my hair slowly, slowly, excruciatingly painful.
"What did we do to the girl for so long?" says the blonde woman, ripping at her face
And they take me.
In a blue veranda chair you cry silently, feeling more alone than ever.
Your messy hair covers your face
Suddenly…he is behind me…
Kisses my hair…
Is it a scam? No it's not a scam
He is the one bathed by the sun walking on the clouds.
"Oh tears, go away so I can finally see his face!"
I part my hair and shake it loose.
I want to be beautiful
For him.
"Oh no! Why?

Pain who takes my breath away
Finish me now for good.
Take me with you because he again leaves without me even seeing his face."
"What are you staying for? What's the point since he's leaving?"
Wretched rags, my soul and body, we roll to the ground.
Cruel pain how much strength do you still have?
A new face appears.
It's the mother of him who walked in the clouds.
Everyone shows me love and warmth now.
They seem to look out for my welfare so much that…
"We have to put her in the 'special house', she will find new friends,
She will love again," a strange voice said.
My body curled up
But you rise up, my soul
"I have love, I have him."
The blonde woman felt the irony
Two slaps fell heavy on my face.
You felt the threat—'off to the special house'
In front of you, my soul
"I'll go to him…"
You took my body again, but now you dressed it in white.

You collected the thick white foam of your tears
And you made my wedding dress
We feel less lonely now
And you smile…
You smile?! And you hope.
Lost bodies laugh stupidly in our past, in our hope.
"Step aside, I didn't come for you."
Again they laugh stupidly but make way.

Somewhere there, somewhere beyond
Must be him
Beyond the lost bodies.
You can feel his heavenly image,
All you know of him.
Finally…oh my soul, how much more can you take?
There he is…in a thick white foam.
Like the foam of your tears, my soul, of my wedding dress
Lying dead…
Why don't we hurt anymore?
Why are we not in pain?
Maybe at the height of suffering lies enchantment or…
Madness?

ΚΡΥΦΗ ΜΟΥ ΑΓΑΠΗ

(ORIGINAL GREEK TEXT)

Ετος 1969

Πάλι η καρδιά μου γέμισε θλίψη
Οπως το βράδι εκείνο το σκοτεινό
Οταν στο χέρι σου χοντρή μια βέρα
Ελαμψε άξαφνα κάτω απ' το φως.

Ποιάς τάχα τ' όνομα να 'ταν γραμμένο
Αναρωτήθηκα στη βέρα αυτή
Και η καρδιά μου από το πόνο
Κρυφή μου αγάπη είχε σχιστή.

Τότε δεν έκλαψα γιατί γελούσες,
Εμοιαζες να 'σαι ευτυχισμένος.
Κρυφή αγάπη μου γι αυτό κι ο πόνος
Επρεπε να 'ναι καλά κρυμμένος.

Κι όμως απόψε ξανά
Στον ύπνο μου ήλθες εσύ.
Δεν είχες βέρα μα ήσουν αδιάφορος

Γιατί δεν γνώριζες μιά αγάπη κρυφή.

Μου 'πες τον πόνο σου σαν σ' ένα φίλο
Πως τάχα είχες πολύ γελασθεί
Ούτε στο όνειρο όμως δεν γνώριζες
Πως η καρδιά μου πολλά είχε να πη.

Πόσο αγάπη μου θά 'θελα
Να ταν τ' όνειρο αλήθεια πραγματική,
Τότε θα σου 'λεγα ποιά από χρόνια
Καίει την καρδιά μου αγάπη κρυφή.

MY SECRET LOVE

(TRANSLATED FROM: ΚΡΥΦΗ ΜΟΥ ΑΓΑΠΗ)

1969

Again my heart was filled with sadness
Like that dark evening when in your hand
Thick, a wedding ring shone
Suddenly in the light.

Whose name was written
I wondered, in this wedding ring?
My heart with pain
My secret love was crushed.

I didn't cry because you were laughing,
You seemed so happy then.
My secret love, for that, my pain
Had to be hidden well.

Yet tonight I dreamt of you again.
You didn't wear the ring, you were indifferent
You didn't know about

My secret love.

Told me your pain like to a friend
You had made a mistake
You did not know in the dream
My heart had lots to say.

How much, my love I would like
That dream to be real
To tell you of my secret love
Burning my heart for years.

ΝΑ ΤΡΕΞΩ ΜΕΣΑ ΣΤΗ ΒΡΟΧΗ

(ORIGINAL GREEK TEXT)

Ετος 1971

Η νύχτα φτάνει άγρια και η βροχή άρχισε.
Πρίν λίγο έπεσε ο κεραυνός.
Κι έπεσε κοντά.
Μέσα μου στην ψυχή μου
Τα πάντα φαίνονται παγωμένα! Ακίνητα! Νεκρά
Μόνο η βροχή ακούγεται
Είναι σαν να κλαίει
Να κλαίει ένα σιγανό, ατελείωτο κλάμα.
Απελπισμένα αργά τα δάκρυα της ψυχής μου
Κάνουν υποβλητικό, απόκοσμο θόρυβο
Πέφτοντας, σκοντάφτωντας σ' άπατο καινό.
Θέλω να φύγω.
Ν' απαγγιστροθώ από τα γρανάζια της ζωής.
Να τρέξω μέσα στη βροχή. Να κλάψω μαζί της.
Να γίνω μια δική της σταγόνα.
Μια σταγονίτσα τόση δα.
Μια σταγόνα που να μπορεί
Να χτυπήσει τα τζάμια όλων των σπιτιών.

Που να μπορέσει να γίνει ένα με των άλλων τα δάκρυα,
Με των πολλών τους πόνους.
Μια σταγόνα νυχτερινής βροχής.
Να νιώσω πως υπάρχουν κι άλλοι καημοί, αν υπάρχουν.
Μετά να ριχτώ στο σκοτάδι της νύχτας.
Να αφεθώ στη μανία του βοριά, να χαθώ στους ωκεανούς.
Να γίνω ατμός να γίνω σύννεφο.
Να μην θυμάμαι αν υπήρξα, αν πόνεσα, αν γνώρισα της πίκρες του κόσμου.
Να μην υποφέρω στην θύμηση εκείνου.
Εκείνου που δεν ζει, εκείνου που δεν πέθανε και που όμως υπάρχει...
Η βροχή σταμάτησε.
Μόνο τα κεραμίδια στάζουν.
Οι δρόμοι μοιάζουν φρεσκοπλυμένοι.
Δυο τρία τριαντάφυλλα κράτησαν τις τελευταίες σταγόνες της βροχής,
Απομηνάρια της μπόρας που πέρασε.
Απομηνάρια που θα σβήσει ο ήλιος.
Άραγε ψυχή μου η δίκη σου θύελα είναι μια μπόρα σαν κι αυτήν;
Άρα θα βγη ο ήλιος να σβήσει
Και του δικού σου πόνου τα απομηνάρια...

TO RUN IN THE RAIN

(TRANSLATED FROM: ΝΑ ΤΡΕΞΩ ΜΕΣΑ ΣΤΗ ΒΡΟΧΗ)

1971

The night falls fiercely and the rain has begun.
Lightning struck a while ago.
And it fell close, inside my soul.
But everything looks frozen!
Still!
Dead!
Only the rain is heard it's like she's crying a soft, endless cry.
Desperate slow tears of my soul make an evocative, eerie noise falling, tipping into an endless void.
I want to go.
To be freed from the gears of life.
To run in the rain.
To cry with her, to be a drop of hers, just one drop.
A drop that can knock on the windows of every house.
Where it can become one with the tears of others and the pain of many.
A drop of night rain.

To feel that there are other woes, if there are any.
Then to throw myself into the darkness of the night.
To abandon myself to the fury of the north winds, to be lost in the oceans.
To become a vapor, to become a cloud.
Not to remember if I existed, if I hurt, if I knew the bitterness of the world.
Not to suffer in the memory of him.
The one who doesn't live, the one who didn't die and yet exists...
The night passed the reins to morning light.
The rain has stopped.
Only the roof tiles drip.
The roads look freshly washed.
Two or three roses hold the last droplets, remnants of the last rain.
Remnants that will be erased by the sun.
I wonder my soul, is our storm like this one just passed?
Maybe the sun will shine and wipe out our own traces of pain.
Maybe, maybe not…

ΠΟΣΟ ΘΑ ΚΡΑΤΗΣΕΙ

(ORIGINAL GREEK TEXT)

Ετος 1971

Μου γράψαν πως έσβησε ο ήλιος μου εκεί πέρα
Πως ήταν ψεύτικος
Πως η καρδιά μου δεν έχει
Τι ν'αγαπά.
Δύσκολος ο δρόμος χωρίς τον ήλιο
Κι όμως προχωρώ
Μέχρι πότε;
Η άνοιξη απόκαμε και το καλοκαίρι απορφανεμένο παιδί.
Χάνεται στο μελαγχολικό δήλη που πέφτει.
Κι είναι μακριά η νύχτα.
Φαίνεται πως μόλις τώρα αρχίζει.
Πόσο θα κρατήσει;
Πόσο θ' αντέξει το λάδι στο λύχνο;
Και εγώ;
Εγώ γιατί γυρίζω πίσω;
Γιατί να θυμάμαι;
Μήπως και βρώ τον χαμένο ήλιο;
Σε τι ελπίζω;

Το σκοτάδι, πραγματικότης πικρή,
Απόδειξις του πως ο ήλιος μου χάθηκε.
Ω! να μπορούσα,
Να μπορούσα ν' αλλάξω
Τους νόμους της φύσεως.
Γατί να υπάρχουν οι αναμνήσεις;
Γιατί ο άνθρωπος ν' αναζητά
Κάποιους σβυσμένους ήλιους.

HOW LONG WILL IT LAST?

(TRANSLATED FROM: ΠΟΣΟ ΘΑ ΚΡΑΤΗΣΕΙ)

1971

They wrote to me that my sun went out over there
That it was fake
That my heart has nothing to love anymore
The road is hard without the sun and yet I move on
Until when? Spring has come and summer, like an orphaned child,
Looses itself in the melancholic evening that is falling.
And the night is long.
Looks like it's just getting started.
How long will it last?
How long will the oil last in the lamp?
And me?
Why am I turning back?
Why should I remember?
Maybe to find the lost sun?
What do I hope for?
The darkness, a bitter reality, is proof the sun is gone.

Oh! If I could, if I could change the laws of nature.
Why do memories exist?
Why should we search for some darkened suns of the past?

ΜΠΟΕΜΗΣΑ

(ORIGINAL GREEK TEXT)

Σου 'χα αγάπη τρελή μα εσύ
Σκληρή με τα ψηλά τακούνια σου
Την ποδοπάτησες
Αλύπητα επάνω στο χαλί.

Σκληρή μποέμησα πόσο πολέμησα
Πύργους κι αν έχτισα
Εσύ τους γκρέμισες
Γιατί μποέμησες είναι πουλιά.

Πετούν ελεύθερες κι έρχονται
Δεύτερες οι πρώτες έννοιες.
Σ' αφήνουν μόνο σου μέσα στον πόνο σου
Κι αυτές ανάλαφρες πετούν γι' αλλού.

Σκληρή μποέμησα τι κι αν πολέμησα
Είμαι ο χαμένος, έφυγες άξαφνα
Και δεν με σκέφθηκες ήσουν σίγουρη
Πίσω σου άφηνες ένα συντρήμ.

BOHEMIAN

(TRANSLATED FROM: ΜΠΟΕΜΗΣΑ)

I had crazy love for you, but
Bohemian with your high heels
You stepped on it mercilessly
Crashed it on the ground.

Cruel bohemian, how I fought for you
Even though I built towers
You knocked them down
Because bohemians are birds.

They fly free putting
Second the first concepts
Leave you alone in your pain
Without guilt, without shame.

Cruel bohemian, no matter how I fought,
I'm the loser, now you are gone
Knowing for certain
You left behind a total wreck.

PART IV
RELIGION

ΧΑΡΑ

(ORIGINAL GREEK TEXT)

Χαρά μεγάλη γίνεται
Στον ουρανό ψηλά
Οταν στην στάνη έρχεται
Το απολωλός ξανά.

Κοίτα λοιπόν τώρα και σύ
Εμπρός και πίσω σου γκρεμοί
Στρέψε το βλέμμα σου ψηλά,
Ω! σε θωρούν οι ουρανοί.

Απλώνουν χέρια προς εσέ
Για να σε βοηθήσουν
Αγγέλοι μύριοι φωτεινοί
Και τους γκρεμούς να κλείσουν.

Χαιρέτα λέγε ήμαρτον
Θεέ μου και πατέρα
Και κράτησε στη μνήμη σου
Του λυτρωμού τη μέρα.

Σεδράχ μισδάχ κι αβδενεγώ
Εχε παραδειγμά σου
και οι φωτιές που θα ρηχθής
Θα κάψουν τα δεσμά σου.

JOY

(TRANSLATED FROM: XAPA)

It's great joy
In heavens above
When the lost returns
To the stables again.

So look now, if you too
See cliffs before and behind you
Look up to the heavens,
Oh! Angels are watching.

Myriads of them
Reaching out
To help you, to protect you
From the cliffs.

Say, "I have sinned,
My god and father."
Keep in your memory
Your salvation day.

Shadrach, Meshach and Abednego
Make them an example
The fires you will be thrown in
Will only burn your bonds.

ΔΑΚΡΥΑ

(ORIGINAL GREEK TEXT)

Αφησε τα δακρυά σου να τρέξουν, να τρέξουν ελεύθερα.
Μην προσπαθήσεις να τα σκουπίσεις στα κρυφά,
Μην ντραπείς για αυτά μπροστά στους άλλους
Μην ντραπείς για τα δάκρυα που σκορπάς για εκείνον
Είναι τιμή σου.
Πολύτιμα πετράδια ρίχνονται εις τα πόδια του
Και τα βλέπει.
Και σε πλησιάζει
Ω! Είναι αφάνταστα υπέροχο την ημέρα της θλίψεις σου.
Να αισθάνεσαι εκείνον δίπλα σου.
Εκείνον που σταύρωσες στον γολγοθά.
Αυτόν που μαρτύρησε για σένα.
Τον Θεό που σήκωσε τον Σταυρό σου.
Γιατί σε αγάπησε.
Γιατί σε αγάπησε απείρως.
Λιώσε το σκληρό σου εαυτό στα καυτά σου δάκρυα.
Ξέπλυνε την πληγή που του άνοιξες με δάκρυα μετανοίας
Και κοίταξε τον.
Πόση παρηγοριά στο βλέμμα του;
Πόση αγάπη στο γελαστό του πρόσωπο;

Πόση γαλήνη στη καρδιά σου;
Και πια χαρά στους ουρανούς.
Λησμόνησε ότι εσύ τον χλεύασες, ήσουν ο βασανιστής του,
ο δήμιος του.
Συγχώρησε τον παλιό σου εαυτό.
Σε αγκαλιάζει, σε αγκαλιάζει όπως η κλώσα τα μικρά της.
Διώχνει τον κρύο χειμώνα από την καρδιά σου
Οπως ο ήλιος διώχνει το σκοτάδι και την απειλή της
νύχτας.

Ω! Ευλογημένα δάκρυα,
Δάκρυα μετανοίας.
Γέφυρα 'σείς μου γίνατε,
Και δρόμος σωτηρίας.

Ευλογημένα δάκρυα,
Ποτέ μη σταματήστε.
Το θρόνο του σωτήρα μου,
Για δόξα του στολίσετε.

TEARS

(TRANSLATED FROM: ΔAKPYA)

Let your tears run, to run freely.
Don't try to hide them,
Don't be ashamed of them in front of others
Don't be ashamed of the tears you shed for him
It's your honour.
Precious gems that fall at his feet
And he sees them
And he is coming to you.
Oh! It is sublime in your day of sorrows.
To feel him next to you.
The one you crucified on Calvary.
The one who martyred for you.
The God who lifted your Cross.
Because he loved you infinitely.
Melt your hard self in your hot tears,
Wash away the wounds you opened on him with tears of repentance
And look at him.
How comforting is his look?
How much love is in his smiling face?

How much peace is in your heart?
And what a joy in heaven.
He forgets that you mocked him, you were his tormentor, his executioner.
He forgives your old self.
He holds you, he holds you like the hen holds her little ones.
It banishes the cold winter from your heart.
Like the sun drives away darkness and the threat of the night.

Oh! Blessed tears,
Tears of repentance.
You have become a bridge for me,
My way to salvation.

Blessed tears,
Never stop.
Adorn my saviour's throne,
For his glory.

Ο ΚΑΛΟΣ ΠΑΤΕΡΑΣ

(ORIGINAL GREEK TEXT)

Σαν πολυεύσπλαχνος εσύ πατέρας
Για μένα φρόντισες πριν γεννηθώ
Μου χάρισες τη γη για βασιλία
Τα γήινα να τα κυριαρχώ.

Δόξα τιμή αγάπη και λατρεία
Αξίζες να σου παραχωρώ
Μα πνεύματα του σκότους με αρπάξαν
Με δελεάσαν για άθλιο σκοπό.

Περηφανεύτηκα εγώ και είπα
Γιατί στο θρόνο σου μην αναιβώ;
Αχάριστο παιδί αλήθεια βγήκα
Τώρα ήμουν στα γήινα υπό.

Η βασιλεία έγινε φυλακή μου
Υπήκοοι αφέντης μου σκληρός
Οταν εσύ απέδειξες πως είσαι
Πατέρας τέλειος και αγαθός.

Με αγκάλιασες με αγάπη και μου είπες
"Βλέπω μετάνιωσες, σε συγχωρώ."
Με τη θυσία και αναστασή σου
Μου άνοιξες δρόμο για τον ουρανό.

Τώρα εμπρός μου θέλω να βαδίζεις
Μήπως αλλάξω και χαθώ
Αγιο σου πνεύμα πάντα να ελέγχει
Κάθε μου βήμα πριν να το πατώ.

THE GOOD FATHER

(TRANSLATED FROM: Ο ΚΑΛΟΣ ΠΑΤΕΡΑΣ)

Like a most merciful father
You took care of me before I was born
You gave me the land for my kingdom
I was put there to dominate it.

You deserved to be given
Glory, honour, love and worship
But spirits of darkness grabbed me
I was lured to a nefarious purpose.

I was proud as well, thinking
Why do I not seize your throne?
Ungrateful child indeed I came out to be
Now I was under devilish spirits of darkness.

My kingdom was now my prison
Tough masters my subjects became
That's when you proved you are
My Father, perfect and good.

You hugged me with love and told me
"I see you regret it, I forgive you."
By your sacrifice and resurrection
You opened my way to heaven.

Now I want you to walk in front of me
In case I stray and disappear.
May your Holy Spirit always guide
My every step before I take it.

NOTE: This poem was written after being inspired by watching a second baptism. A second baptism for this person symbolised their own educated choice to believe, after realising their first, given as a child, was not by choice.

ΠΟΙΟΣ ΑΛΛΟΣ ΑΠΟ ΣΟΥ

(ORIGINAL GREEK TEXT)

Ποιός άλλος από σου
Γλυκέ μου Ιησού
Θα μού 'δειχνε αγάπη
Μέχρι Σταυρού.

Ναι ήμουνα εγώ
Κουρέλι ρυπαρό
Με δίχως την ελπίδα
Μη ποτέ ξεπληθώ.

Μα τώρα από Σταυρού
Για με Ω! Ιησού
Ρέει το αίμα σου
Ποτάμι ιλασμού…

Για με να ξεπληθώ.

WHO ELSE BUT YOU?

(TRANSLATED FROM: ΠΟΙΟΣ ΑΛΛΟΣ ΑΠΟ ΣΟΥ)

Who else but you?
My sweet Jesus
Would show me love
Until crucifixion.

Yes, it was me
A dirty rag
Without any hope
For redemption.

But now from your cross
For me, Oh! Jesus
Your flowing blood
A river of healing…

To wash away my sins.

ΠΗΡΕΣ ΤΗΝ ΠΡΟΣΚΛΗΣΗ

(ORIGINAL GREEK TEXT)

Ρίξε το πέπλο που σκεπάζει
Πνευματικούς σου οφθαλμούς,
Νέα ημέρα ιδού χαράζει
Καινούργιο φως στους ουρανούς.

Γλύκανε ήδη το σκοτάδι
Της ατελείωτης νυχτιάς
Μήνυμα έφτασε στον Άδη
Κάποιας Ουρανίας χαράς.

Σχίσε το πέπλο που σου κρύβει
Νέους ορίζοντες λαμπρούς
Εσένα τώρα εις το γλέντι
Σε προσκαλεί ο Ιησούς.

Εάν τα πόδια σκονισμένα
Ρούχα αν δεν έχεις καθαρά
Μην ντραπείς προτού να 'ρθεις
Σε καρτερεί στολή λαμπρά.

Πήρες την πρόσκληση στα χέρια
Μην αρνηθείς μην αρνηθείς
Εχει ψωμί για σε κομμένο
Ποτήρι με κρασί να πιής.

YOU GOT THE INVITE

(TRANSLATED FROM: ΠΗΡΕΣ ΤΗΝ ΠΡΟΣΚΛΗΣΗ)

Drop the covering veil
Of your spiritual eyes,
A new day beholds
New light in the heavens.

Already sweetening the darkness
Of the endless night
A message reached Hades
Of some heavenly joy.

Rip the veil that hides
New horizons bright
Jesus invited you
Now to the heavenly life.

If your feet are dusty
If your clothes aren't clean
Don't be shy before the party
New garments wait for you.

You took the invitation in hand
Don't deny, don't deny
He has sliced bread for you
A glass of wine to drink.

ΓΝΩΡΙΣΑ ΤΟΝ ΚΥΡΙΟ

(ORIGINAL GREEK TEXT)

Με ποιόν, με ποιόν να μηραστώ
Ετούτη τη χαρά;
Είναι μεγάλη σαν βουνό
Και ήλθε ξαφνικά.

Εγνώρισα τον Κύριο
Που είρθε να με σώσει
Ενιωσα το μυστήριο
Που έχει με λυτρώσει.

Ο Ιησούς στον δρόμο του
Ερήπιο με βρήκε
Στα μάτια του ο πόνος του
Σαν ένα δάκρυ βγήκε.

Μ'αγκάλιασε όμως στοργικά
Μου είπε με αγάπη
"Ελα σε τούτη τη γωνιά
Που δεν υπάρχει δάκρυ."

Τώρα ζω μες τη χαρά
Σε αιώνια Ειρήνη
Αγγέλους έχω συντροφιά
Ω! Τι γλυκιά γαλήνη.

I MET THE LORD

(TRANSLATED FROM: ΓΝΩΡΙΣΑ ΤΟΝ ΚΥΡΙΟ)

With whom, with whom should I share
This joy so large?
As big as a mountain
Suddenly came to me.

I met the Lord
Who came to save me
I felt the mystery
Which has redeemed me.

Jesus on his way
He found me desolate
In his eyes his pain
Like a tear came out.

But he hugged me with care
He told me with love
"Come to this corner
Where tears don't run."

Now I live with joy
In Eternal Peace
Angels company I have
Oh! What sweet calm.

ΔΕΝ ΝΙΩΘΩ ΠΙΑ ΛΥΠΗ

(ORIGINAL GREEK TEXT)

Οχι δεν νιώθω πια λύπη
Ούτε κανένα καημό
Απ' την στιγμή που ευρήκα
Τον Ιησού μας Χρηστό.

Είναι ένας φίλος ωραίος
Σύμμαχος είναι πιστός
Σε όλες τις μάχες γενναίος
Σε όλες τις μάχες εμπρός.

Νάτος για με πολεμάει
Πάνω στην πρώτη γραμμή
Και του εχθρού μου σκορπάει
Ολη τη λύσσα κι ορμή.

Κι αν οι καιροί με αρπάξουν
Φύλλο φθινοπωρινό
Οπου και αν με πετάξουν
Και 'κει τον Χρηστό μου θα βρω.

I DON'T FEEL SADNESS ANYMORE

(TRANSLATED FROM: ΔΕΝ ΝΙΩΘΩ ΠΙΑ ΛΥΠΗ)

No, I don't feel sadness anymore
Either no pity
From the moment I found
Our Lord Jesus Christ.

He is a perfect friend
An ally to depend on
In all battles, brave
In all battles ahead.

On the front line
He fights for me
Scattering my enemy's
Rage and momentum.

And if the times seize me
Like an autumn leaf
Wherever they throw me
Even there, I'll find my Lord.

PART V
WAR AND COUNTRY

ΚΑΙ ΤΟΝ ΗΛΙΟ ΚΑΙ ΝΕΡΟ

(ORIGINAL GREEK TEXT)

Το μπουμπούκι για ν'ανθήσει
Θέλει ήλιο και νερό
Μα από το δικό σου ελπίδα
Χαθήκανε και τα δυό.

Βασιλιάς σου υποσχέθει
Να τα φέρει μια βραδιά
Μα η υπόσχεση εχάθει
Στο σκοτάδι στην νυχτιά.

Το χαμόγελο σου επνείγη
Μεσ' το κλάμα τον λυγμό
Τα σκοτάδια φέραν φόβο
Και όχι ήλιο και νερό.

Εφυγε ο βασιλιάς σου
Και σε πρόδωσε σκληρά
Σε άφησε σε μέση δρόμου
Μπρος και πίσω με θεριά.

Δυό πουλιά σου τόν επήραν
Και το έφεραν ψηλά
Αφησαν εσένα μόνη
Να θρηνείς με απελπισιά.

Το κεφάλι κι αν σηκώνεις
Δεν τον βλέπεις πουθενά
Και τα υψωμένα μάτια
Τα τρομάζει η ερημιά.

Δεν υπάρχει ο βασιλιά σου
Να σου πει "θάρρει καρδιά."
Σ'εγκατέληψε και πήγε
Σαν προδότης μακριά.

Κλάψε τώρα ω! συμφορά σου
Τον χαμένο βασιλιά
Τον εσκότωσε ο προδότης
Πως σε πλήγωσε βαθιά.

Μα ελπίδα 'σύ δεν σβήνεις
Κρύβεις πάντα σπίθα μιά
Αγαπάς το βασιλιά σου
Και προζμένης τον ξανά.

Η ανάσταση θα έρθει
Του νεκρού σου βασιλιά
Και μαζί του θα ανεβήτε
Τον σκληρό το γολγοθά.

Τον προδότη θα πετάξει
Στης κολάσεως το βυθό

Και θα φέρει σου μ' αγάπη
Και τον ήλιο και νερό.

AND THE SUN AND THE WATER

(TRANSLATED FROM: ΚΑΙ ΤΟΝ ΗΛΙΟ ΚΑΙ ΝΕΡΟ)

The bud needs sun
And water to bloom
But from your hope
Both were lost.

Your king promised
To bring them on site
But the promise was lost
In the dark at night.

Your smile drowned
Between the crying sobs
Darkness brought fear
Not water and sun.

Your king is gone
Betrayed you harshly
Circled by wild beasts
Left you in the dark.

Two birds took him
Flew him high away
They left you alone
To mourn, to pray.

Raising your head
Don't see him anywhere
Wilderness fills
Your eyes with despair.

There is no king
To tell you, "Take heart."
He left you and went
Like a traitor, away.

Weep now, Oh your woe
Your lost king
Was killed by the traitor
How that hurt you deeply.

But hope is not extinguished
You always hide a spark
You love your king
You want him back.

The resurrection of your king
One day will come.
With him you shall ascend
The path to Golgotha.

He will throw away the traitor
Into Hell's abyss

Will bring to you with love
   Water and the sun.

ΑΥΤΟΙ ΟΙ ΑΝΘΡΩΠΟΙ

(ORIGINAL GREEK TEXT)

Υπήρχαν χρόνια ειρηνικά
Ολο δημιουργία
Υπήρχαν νόμοι δίκαιοι
Ανθρωποι με σοφία.

Πρώτοι οι δίκαιοι αυτοί
Εφύτεψαν τις ρίζες
Αλλοι εστήσαν θέμελα
Και έχτισαν τις πίζες.

Μέσα σε χρόνια ειρηνικά
Ειρηνικούς αιώνες
Εργάστηκαν οι άνθρωποι
Και χτίσαν Παρθενώνες.

Τα έργα όμως τα καλά
Δεν γίνονται όπως όπως
Χρειάζεται υπομονή
Χρειάζεται και κόπος.

Το μόχθο και τον κόπο αυτό
Πολλοί δεν λογάριασαν
Και πόλεμο αιματηρό
Με μίσος σχεδιάσαν.

Ανθρωποι σκοτώνονταν
Πάλι από ανθρώπους
Μέναν άταφα κορμιά
Μεσ' σε ξένους τόπους.

Τους νόμους και τα δίκαια
Τους κόπους των προγόνων
Τα κατάστρεψαν στην στιγμή
Εργα τόσων αιώνων.

Ολα η φλόγα κι η φωτιά
Τα έκαψε στη γη
Να πληγωμένη κι έρημη
Τώρα θρηνά η ψυχή.

Τα μάτια σήκωσε ψηλά
Κοίταξε με πικρία
Τη φοβερή καταστροφή
Που κάνε η κακία.

Και σαν η μπόρα τέλιωσε
Σώπασ' η καταιγίδα
Στη φοβισμένη την ψυχή
Καινούργια ήρθ' ελπίδα.

Λεύτερη τώρα από δεσμά
Και με πολλούς αγώνες
Αρχίζει πάλι απ' την αρχή

Να χτήζει παρθενώνες.

Τους παρθενώνες της αυτούς
Ποιός της το λέει τώρα
Πως δεν θα καταστρέψουνε
Άλλοι σε άλλη μπόρα;

THOSE PEOPLE

(TRANSLATED FROM: ΑΥΤΟΙ ΟΙ ΑΝΘΡΩΠΟΙ)

There were years of peace
Years of creation
There were fair laws
People with wisdom.

First are the righteous
Who planted their ideas
Others laid foundations
And made them real.

In peaceful years
In peaceful centuries
People worked together
To build the Parthenons.

But the good works
Are not made quick
It takes patience
It takes effort.

This toil and effort
Many did not count
With hate, they planned
Bloody war.

People were being killed
Again by other people
Unburied bodies laid
On foreign lands to rot.

Laws and justice
Labours of the ancestors
They destroyed in a flash
Work of so many centuries.

Flame and fire
Burned all to the ground
So wounded and desolate
Now the souls mourn.

She looked up
She looked bitterly
To the terrible disaster
Evil had caused.

Like the rain it was over
The storm went silent
To the frightened soul
New hope was born.

And now free from shackles
The hard work begins
From scratch, the wise start

To build new Parthenons.

Who tells them now
Those new Parthenons of theirs
Will not too be destroyed
By others in future wars?

ΕΙΧΑ ΕΝΑ ΟΝΕΙΡΟ

(ORIGINAL GREEK TEXT)

Μεσ' την καρδιά και την ψυχή
Θέλησε την γαλήνη
Να φέρει μας κι αιώνια
Στον κόσμο την Ειρήνη.

Τη ζωή του χάρισε
Σ αυτό το ιδανικό
Πολέμησε αγωνίστηκε
Να φτάσει στο σκοπό.

Είναι αλήθεια ήτανε
Μα δεν υπάρχει τώρα
Χάθηκε σ' ένα χαλασμό
Σε μανιασμένη ώρα.

Μεγάλα είχε ιδανικά
Μικρή η δύναμης του
Πουλάκι ήτανε γυμνό
Θεριά ήταν οι εχθροί του.

Με θάρρος όμως στην καρδιά
Η πίστης κι η ελπίδα
Φώτιζε μέσα στην ψυχή
Της νίκης κάποια αχτίδα.

Τον δρόμο πήρε τον τραχύ
Εργο βαρύ να αρχίσει
Μόνος του τον θάνατο
Το μίσος να νικήσει.

Σήκωσε ασήκωτο Σταύρο
Στον πληγωμένο ώμο
Ηθέλησε προσπάθησε
Να ορθώσει θείο νόμο.

Χαρά του ήταν το καλό
Να κάνει στους ανθρώπους
Ενα μας γέλιο ξέγνοιαστο
Του έσβηνε τους πόνους.

Και 'μεις, εμείς οι άνθρωποι
Παίξαμε τη χαρά του
Τον ρίξαμε στα σκοτεινά
Κάψαμε τα φτερά του.

Τα βέλη μας φαρμακερά
Βάλαμε στην καρδιά του
Σκοτώσανε τα όνειρα
Παν τα ιδανικά του.

Ρίξαμε Βέλη άπονα
Αλόγιστοι τυφλοί
Πως πήγαιναν επάνω μας

Δεν νιώθαμε αλί.

Τον είχε βάλει ο Θεός
Να φέρει τη γαλήνη
Να τραγουδήσει στα βουνά
Στον κόσμο την Ειρήνη.

Τάχα στη μοίρα είναι γραφτό
Κάποιο καλό σαν φτάνει
Να είμαστε αίτιοι εμείς
Πριν φτάσει να πεθάνει;

I HAD A DREAM

(TRANSLATED FROM: TO ONEIPO)

In our heart and soul
He wanted peace and calm
To bring eternal
Peace to the world.

He gave his life
For this idea
He fought and struggled
To reach the goal.

It's true, he was
But doesn't exist now
He was lost in a breakdown
In a furious hour.

He had great ideals
His strength was small
Like a naked bird
His enemies, wild beasts.

But courage in the heart
Faith and hope
Shone in his soul
A ray of victory.

He took the rough road
To start the heavy work
Alone to win
Over death, over wrath.

He raised an unraised cross
On his injured shoulder
He wanted to try
To install divine law.

His joy was to do good
For the people
A carefree laugh
Always took away his pain.

And we, we the people
played his joy
We threw him in the dark
We burned his wings.

Poisoned arrows
We pierced his heart
They killed the dreams
All ideals are gone.

Mindless, blind
We did not feel
The bolts we shot

How they turned on us.

God had put him
To bring us serenity
To sing in the mountains
Peace to the world.

Is it meant to be, when
Something good arrives
Is it us responsible
Before it succeeds, it dies?

KENNENTY

(ORIGINAL GREEK TEXT)

Για ποιούς πρέπει να κλάψωμε;
Για ποιούς και να θρηνούμε;
Για αυτούς που φύγαν μακριά;
Η για εμάς που ζούμε;

Κτυπάτε σήμαντρα βαριά
Πουλάκια μου θρηνάται
Και 'σείς ελάφια γρήγορα
Σταθείται…αγροικάται.

Σταμάτα γη να στρέφεσε
Γύρο από τον αξονά σου
Σταμάτα κι άκου πως θρηνούν
Τα δύστυχα παιδιά σου.

Φαράγγια, λόγγοι και βουνά
Και γαργάρες βρυσούλες
Φέρτε αέρα και δροσιά
Στις καίουσες καρδούλες.

Γέμισε ο αέρας με βροντές
Το σώμα ανατριχίλα
Ο φόβος πήρε την πνοή
Κακό τρανό μαυρίλα.

Το αίμα κύλησε στη γη
Ποτάμι πάει να γένη
Είναι η μέρα σκοτεινή
Ο Μπόμπυ μας πεθαίνει.

Το όραμα εχάθηκε
Στο θολωμένο βλέμμα
Το άνθος εμαράθηκε
Απ το καυτό το αίμα.

Ειρήνη και ισότητα
Κλάψτε και 'σείς μαζί μας
Σήμερα δολοφόνησαν
Το δεύτερο παιδί μας.

Αγάπησαν το σύνολο
Την δίκαια την κρίση
Μα ανομία άτημα
Τους έχει αφανίσει.

Οχι δεν είναι δυνατόν
Οι Κέννεντυ υπάρχουν
Υπάρχουν μέσα στις καρδιές
Και κυβερνούν και άρχουν.

Πάψτε ανήμερα θεριά
Λίγο τα ουρλιαχτά σας
Ελάτε 'δω όλα κοντά

Δείτε τα θυματά σας.

Δεν είναι θύμα οι Κέννεντυ
Αυτοί δικαιώθηκαν
Θύματα είν' οι δράστες τους,
Και όσους πίσω αφήκαν.

KENNEDY

(TRANSLATED FROM: KENNENTY)

Whom do we cry for?
Whom do we grieve?
The ones that died?
Or the ones that live?

Bells ring your saddest ring
Birds, stop your singing loud
Men, stop your fast walk
Stop…listen to the sound.

Stop turning on your axis
Earth…stop and see
Your children are mourning
Stop and listen their plea.

Mountains, valleys, rolling hills
Untamed waterfalls
Breathe cool air and some breeze
To the burning souls.

Air filled with thunder
The body very dense
Fear took the breath away
Darkness and evil are immense.

The blood runs down fast
To touch the Earth who is crying
The day became darkest night
Her son, Bobby, is now dying.

His ideals are now lost
Into the spilling blood
The only flower of hope
Is dying in the mud.

Peace and harmony, please join in
With us in high cry
'Cause evil yet has killed again
Yes, our hope, Earth's second child.

Working for the whole world
Justice was their crown
But anarchists decided
Time to cut them down.

No…it is impossible
The Kennedys do exist
Their ideas in our hearts
Will govern with a fist.

Wild animals you stop
Your howling at far
Come near, have a look

Who your victims are.

Victims are not the Kennedys
You made them divine
Victims are you, their murderers,
And the ones they left behind.

Η ΠΡΟΣ ΤΗΝ ΠΑΤΡΙΔΑ ΑΓΑΠΗ

(ORIGINAL GREEK TEXT)

Μούσα εσύ που τραγουδάς
Σ' αυτήν τη γη τα πάντα
Δοσ' μου από το δέντρο σου
Την έμπνευση μια βάντα.

Ενα κλαδάκι τόσο δα
Με δύναμη μεγάλη
Μαζί για την πατρίδα μου
Με μένανε να ψάλλει.

Αυτό που έχω στην καρδιά
Για την γλυκιά πατρίδα
Μου δίνει δύναμη χαρά
Χωρίς να'ναι ελπίδα.

Τι είναι άραγε αυτό
Τάχα σαν τι να μοιάζει;
Μην ειν' κι αυτό περαστικό
Σαν τ' άγριο χαλάζι;

Μην είναι φλόγα δυνατή
Που τις καρδιές ζεσταίνει
Μήν ειν' αγριολούλουδο
Που ο βοριάς μαραίνει.

Μην είναι μια αστραπή
Που σβήνεται και πάει
Μην είναι σύνεφο λευκό
Που μόνο του γυρνάει;

Δεν είναι φλόγα δυνατή
Ούτε άγριο χαλάζι
Ούτε αγριολούλουδο
Που ο βοριάς το σπάει.

Είναι μια αθάνατη πνοή
Φτάνει απ' τα περασμένα
Είναι αγάπη δυνατή
Πατρίδα μου για σένα.

LOVE FOR THE COUNTRY

(TRANSLATED FROM: Η ΠΡΟΣ ΤΗΝ ΠΑΤΡΙΔΑ
ΑΓΑΠΗ)

Muse, you who sing
About all in this land
Give me from your tree
Some inspiration.

Just a small twig
With great power
Together for my country
To keep singing.

What I have in my heart
For the sweet homeland
Gives me strength and joy
Without being hope.

Wondering what is this?
What does it look like?
Is something fleeting
Like wild hail?

Maybe a strong flame
Which warms hearts
Maybe a wild flower
The north wind withers.

Maybe lightning
That hits and retreats
Maybe a white cloud
Wandering alone.

It is not a strong flame
Not even wild hail
Not even a wildflower
The north wind breaks.

It's an immortal breath
Coming from the past
It's my undying love
For you, my homeland.

ΓΙΑΤΙ;

(ORIGINAL GREEK TEXT)

Γιατί να μη χαμογελούμε
Στον ήλιο κάθε πρωινό;
Αφού το γέλιο είναι δώρο
Δώρο θεϊκό.

Γιατί τ' αηδόνια να μη λένε
Τραγούδια πάνω απ' το κλαδί;
Γιατί να τα τρομάζουν πάντα
Οι κανονιοβολισμοί;

Γιατί ο κόσμος να ξεχάσει
Για πάντα τον δημιουργό;
Γιατί ολημερίς να κλαίει
Η μάνα το νεκρό το γιό;

Γιατί ν' ανέχονται οι άνθρωποι
Την μπιάφρα το βιετναμικό;
Γιατί τη γη να την ποτίζει
Το αίμα δεκαοχτώ χρονών;

WHY?

(TRANSLATED FROM: ΓΙΑΤΙ)

Why not smile
In the sun every morning?
Since laughter is a gift
A divine gift.

Why nightingales cannot sing
On the tree branches?
Why should cannon thunder
Silence their songs?

Why do people forget
Their creator evermore?
Why should they tolerate
Biafra and the Vietnam War?

Why flood the earth
With blood of eighteen-year-olds?
Why should mothers mourn
The deaths of their sons?

ΚΡΑΥΓΗ

(ORIGINAL GREEK TEXT)

Κραυγή βραχνή και βροντερή
Από τα σπλάχνα βγαίνει
Σαν κεραυνός σαν αστραπή
Μεσ' τον αιώνα ας μένει.

Σαν κεραυνός ας ακουστεί
Και σαν αστροπελέκι
Ας πέσει και ας ριζωθεί
Στου κάθε ενός το στέκι.

Ας λάμψη σαν την αστραπή
Σαν τα χρυσά παλάτια
Σαν οπτασία θεϊκή
Ας μένει μεσ' τα μάτια.

Μια κραυγή ικετευτική
Που τις καρδιές μαραίνει
Ας ακουστή κι ας μαθευτεί
Σ' όλη την οικουμένη.

Ας την ακούσουνε κι αυτοί
Που υψηλά κοιτάνε
Και του ανθρώπου την ψυχή
Σκληρά ποδοπατάνε.

Λαέ κοντά μου έλα και 'σύ
Κι όλοι μας ενωμένοι
Ας φωνάξομε μαζί
ΕΙΡΗΝΗ πια να γένη.

Ειρήνη θέλουν τα παιδιά
Ειρήνη και οι μάνες
Κι ας μην χτυπήσουν θλιβερά
Πολέμου πια οι καμπάνες.

Ας πάψουν τώρα οι σκοτωμοί
Να λήψη η αδικία
Ας μην ακούγονται λυγμοί
Και να 'ναι ελευθερία.

Ελεύθερα πρέπει τα πουλιά
Τραγούδια για να λένε
Για σκοτωμένα πια παιδιά
Οι μάνες να μην κλαίνε.

Τούτη αθάνατη φωνή
Ας φτάσει ως τ' αστέρια
Να την ακούσουν κι οι εχθροί
Να σφίξουνε τα χέρια.

SCREAM

(TRANSLATED FROM: ΚΡΑΥΓΗ)

Scream hoarse and thunderous
Comes from the guts
Like lightning, like lightning
In the centuries let it stay.

Let it be heard like thunder
Like rolling strike
Let it fall and take hold
In everyone's home.

Let it shine like desert sun
Like the golden palaces
Like a divine apparition
Let it stay in the eyes.

A pleading cry
That makes the hearts wither
Let it be heard and learned
By everyone in the world.

Let leaders hear it too
When wars they start
And stomping hard
On humanity's heart.

People, come to me
And all of us united
Let's shout together
Peace be born now.

The children want peace
So do the mothers
Do not let war sirens
Sound anymore.

Let the killing stop now
Let there be no injustice
Let there be no misery
And yes, freedom for the masses.

Birds must be free
To sing their songs
Let mothers not cry
For their dead children.

This immortal voice
Let it reach the stars
Let the enemies hear it
Let's see them shake hands.

ΕΛΕΥΘΕΡΙΑ Η ΘΑΝΑΤΟΣ

(ORIGINAL GREEK TEXT)

Κατάλαβαν την απειλή
Πριν σηκωθεί το χέρι
Αισθάνθηκαν την μαχαιριά
Πριν πέσει το μαχαίρι.

Αισθάνονταν το έβλεπαν
Πως έφτανε η ώρα
Που θα ξεσπούσε με ορμή
Η μανιασμένη μπόρα.

Αδύμ' ήταν η ψυχή
Τα χέρια ακυρωμένα
Τα μάτια είχαν δάκρυα
Πόδια αλυσοδεμένα.

Τα έβλεπαν τα σύννεφα
Με απειλές να φτάνουν
Μ'αυτό δεν τα ελύγησε
Πατρίδα η να πεθάνουν.

Τα σύννεφα ζυγιάζονταν
Στου ουρανού τη μέση
Κι ο ζυγιαστής τους έλεγε
Το πιο βαρύ να πέσει.

Και αυτά χωρίστηκαν στα δυό
Στη μέση μια δάδα
Οποίο την κέρδηζε αυτήν
Θα 'πεφτε στην Ελλάδα.

Μοιραίο ήταν πατρίδα μου
Την δάδα να την πιάσει
Το σύννεφο το φοβερό
Και εσένα να σκεπάσει.

Τον ήλιο σου αφάνισε
Το μαύρο του το χρώμα
Μα εσή Ελλάδα μας μικρή
Δεν χάθηκες ακόμα.

Τα παλληκάρια που 'θρεψες
Ως τούτη την ημέρα
Σε προστατεύουνε ξανά
Φωνάζοντας αέρα.

Δεν θα χαθείς πατρίδα μου
Το φως σου δεν θα σβήσει
Και αν το σκεπάζουν σύννεφα
Και πάλι θα φωτίσει.

Τα μάτια σου δεν έκλεισαν
Σε ετούτη την φοβέρα

Μόνο άνοιξαν και κοίταξαν
Πολύ υψηλά και πέρα.

FREEDOM OR DEATH

(TRANSLATED FROM: ΕΛΕΥΘΕΡΙΑ Η ΘΑΝΑΤΟΣ)

They understood the threat
Before the hand was raised
They felt the stabbing
Before the knife fell.

They felt it, they saw it
Time was coming
Where the raging storm
Would rapidly erupt.

Weakened was their soul
Their hands were disabled
Eyes filled with tears
And legs bound in chains.

They saw the threats arriving
Weighed with menace
But that did not break them
The motherland or die.

The clouds were gathering
In the middle of the sky
The adversary ordered
The heaviest to fall.

These divided into two
A coin in the middle
Whoever won the toss,
Would carry the attack.

Fate was, my country
The darkest cloud
To catch the coin
And fall on you.

Its black colour
Has blocked your sun
But you, little Greece of ours
You are not lost yet.

The children you raised
To this day with strength
Are protecting you again
Shouting, "Freedom or Death!"

You will not be lost, my country
Your light will not go out
And if clouds cover it
You will rise up and shine.

Your eyes didn't close
On this awful day

But fearless, stayed open,
Looking beyond and high.

PART VI
ENGLISH POEMS

FOR MOTHER'S DAY

(12/5/2024)

Cry alone
Drain the pain
From your heart
On a mountain top
Scream your anger away.

Touch your scars
Remember your wins
Feel you are alive
Put your armour on
It's a new day.

TO MY BROTHER

(2024)

You saw your mother's pain
Joined your siblings' hunger then
Faced your father's angry hand
You were only ten.

Skipping school, went to work
Earning few pennies here and there
Someone tried to get from you
"I ain't a boy anymore, collect it if you dare."

To the corner store you ran and paid
Your mother's bill for buying food
Your mind was now made up
You knew well where you stood.

But this wasn't enough for you
So flew away to a foreign land
Without forgetting your dream
In the family, you had to be the man.

Out of the list, you put your needs
Trying, facing tribulations all alone
To make this land your family's
Their future desired home.

You climbed the ladders with success
Made your dream come true
Looking at you, now aged and worn
I say "Thank you. I am here for you."

A JOYOUS DAY FOR ME AND YOU

(09/12/2023)

Not today my dear
Let us not shed a tear
Let us thankfully say
It's a beautiful day.

Let us not use our words
Cut each other like swords
Us together?…is past
In our children that love will last.

You have finally found
Something solid and sound
Our daughters love you
That…I know, it's true.

So today is the day
For our daughter to say
That forever "I DO!"
A joyous day for me and you.

FOR THE DAY

(29/4/2023)

Going fishing for the day
Her phone she left behind
Memories are flooding in
She just wants to hide.

Remembers 49 years ago
Was a blissful day
Turning a page in her life
Ending in disarray.

Might want to talk to her
A message he might send
"Happy anniversary," to say
Enough their hearts have bled.

Going fishing for the day
Made a sweet to take
Ohh…he was a damn good cook
She still can't cook a cake.

ONE NEVER KNOWS

(2023)

I would like a spot
I could call mine
To rest my bones
Until I die.

For paying rent
Is so aloof
One never knows
When they get the boot.

I am too old
To start again
The news of selling
Cuts me with pain.

To all I say
"I will be okay."
Only my soul
Feels the decay.

So I keep smiling
And cry at night
One never knows
I might be all right.

TO THE FIELDS OF RIPENED WHEAT

(02/2022)

Run, run my son,
Run to the fields of ripened wheat and hide.
Thunder of war has hit our land,
You know I have died.

Your father's blood, sweat and bones,
Who's fallen in that field,
Remember as you run along,
They will be your shield.

You are afraid, I do know,
But we'll always be with you,
Peace will govern these fields one day.
Our love will see you through.

You held my bleeding heart in hand,
With pain wished, you too could die,
But now, run my son,
Run to the fields to cry.

War has come and flattened our homes,
With heartless military might,
They now throw those fireballs,
To set the fields alight.

Scream my son, scream,
While burning with the field.
We are here, close, watching you,
With a home waiting and the wheat is milled.

Inspired by the Ukraine war

MIXING THE FUEL

(21/4/2021)

Children of mine
Time to move on
Have carved my path
Decisions made, right or wrong.

So many memories
From years gone by
Some are wonderful
Others make one cry.

So many of them
For the time left
To remember watching
The dying sun set.

Looking back
Feeling the strain
Relive in delight
Re-suffer the pain.

For life's soulmate
The news is bad
He is not around
To hold his hand.

Could things be different
Life so sweet, life so cruel
Who is to blame
Mixing this fuel…?

Written on the 51st anniversary of arriving in Australia.

TO DANCE IN THE SUN-RAIN

(01/01/2020)

The lizard snuck out from the shade onto the sunlit grass.
The morning is young, the year brand new.
Christmas was celebrated the modern way with family
and friends getting together.
Eating, drinking, exchanging gifts.
Exchanging presents in the name of someone's birthday.
Children opening presents from Santa, most of them not
knowing anything about whose birthday it was.
The absence of that person did not matter.
It was not spoken about.
After all it was the year 2000 in Australia.
Modern times.
This lucky country has many gods gathered in one place.
They are all worshipped in different times and different
ways.
Do not rock the boat—
No need to offend someone else's god, they say.
The lizard moved on, settling on a wet rock warmed up
by the morning sun.
It's missing one leg and part of its tail.

A lucky escape from a dark, dangerous situation.
A dark situation???
The sun is up.
It's a new day.
Maybe my time to move on.
My time to get out of my cold, dark, dangerous situation.
Time to dance in the sun-rain
Not cry with it.
After all it's a new year!
Time for resolutions.
For new beginnings.
Maybe.

HAVE WE MET BEFORE?

(30/09/2020)

Holding head high
Walks the walk
No feeling in sight
No need for talk.

Dead hair, no shine
Surrounds the face
Wrinkled with time
A hidden grace.

Memories lost
Of days gone by
Emptiness hosts
No tears to cry.

Life has carved
Her path, her token
Cannot be stopped
Cannot be broken.

A humming sound
Like birds sing
"And I will always love you,"
Spreads in the wind.

She begins to dance
Feet off the floor
"Can I join you, my dear?"
"Have we met before?"

FACEBOOK

(26/01/2019)

You wanted to know
Who I am
What I do
Maybe you met me?
Called me a friend?
Maybe you haven't
That is fine too
You pour your thoughts
On Facebook
Happy or sad
I read; I feel you
I want you to know
I am your friend.

BIRTH AND DEATH

(2018)

Birth and death…
So much in between
The present makes the past
The future can never be foreseen.

Look at the very sleepy seed
Come through the hardened ground
Becomes a very tender plant
Without any sound.

We all arrive naked
In need of great care
But grow as individuals
Breathing the same air.

Without transformation
Without a new breath
Without death would be no life
Without life, no death.

CLOSING YEARS

(2018)

Reach the unreachable
Touch every star
Feel the unfeelable
Near and far.

Winter has come
Snow covers the hair
Your scars from the past
All honest and fair.

Watch the sunrise
Savour the dusk
Time is running out
Dreams do not last.

MOULDY SLICES OF BREAD

(26/5/2018)

To rid the memories, you tried hard
Destroying the furniture, locking your heart
No food in the pantry, no kettle on the stand
The fridge has only mouldy slices of bread.

You want to cry, you want to laugh
You have unleashed your jailed wrath,
You sit alone looking around
Nothing to destroy, nobody to hound.

The one you loved and loved you back
You left on a street, alone in the dark
When you were sick, she nursed you for years
In survival mode, her life full of fears.

Now you miss her and want her back
She heard your cries and it broke her heart
You made her believe she hurt you somehow
In your life together, how can she help you now?

The world is your enemy, you believe to be
You hear the knock…but cannot see
No eating for days…you fall on the floor
"Dad…it's me, please open the door."

Before she knocked, she could see you there
Talking to yourself on a battered chair
Accusing her mother for destroying your life
She knows the past, she wants you to survive.

Familiar voice in your darkest hour
Tears run down, the hug you devour
Crying with pain, both on the floor
Whispers to you, "Dad, the pain will stall."

CRY ON MY OWN

(26/12/2018)

I can love you from the distance
I can talk to you in dreams
You don't need me anymore
Now, I am forgotten, it seems.

All the things we made together
I have found in a heap
Our dreams are all destroyed
With your evil fiery grip.

I can cry on my own
And remember that you, man
Aren't the one I cry for now
But the one I married then.

There is nothing we can fear
You and I, my wounded soul
We are floating in an ocean
Without a board, without an oar.

WHITE CANVAS

(13/5/2018)

Tomorrow, forget it
It's too far away
Loneliness, my only friend
Is here to stay.

Tomorrow never comes
As the memories fade
Find asking oneself
Why was I ever made?

A pontoon with no anchor
In a mist-covered sea
Now my soul is wandering
With no purpose to be.

Savage storm has uprooted
The flowers, forget-me-nots
I am a painter with a canvas
With no paints or a plot.

Tomorrow, forget it
It's too far away
Yesterday is gone
Just living the day.

A GIRL OF NO IMPORTANCE

(05/12/2018)

Waking up
Reach for my glasses
Look for my teeth and hearing aids
To hear my heart beat.

Feeling alive l beg my joints
To try to move
They laugh at me, make me groan
And bluntly refuse.

Mind over matter, tell myself
Starting to stretch
I am alone, no one there
My coffee, to fetch.

The battle is on, the win is mine
The cards I play
And Nobody, who is my friend,
Watching on, is here to stay.

I make us coffee
With Nobody there, I start to drink…
My friend's quietness is so loud
It's hard to think.

In my confusion, heard some laughter
From another time
But all is muffled, covered
By a silent crying.

I remember a girl of no importance
Hungry and cold
Having a dream, flying to other worlds
Where happily she'll grow old.

I hear laughter, see the girl of no importance
Living her dream when…
The vision blurs and all but shatters
The lights go dim.

Hey Nobody, you Nobody
My steady companion, my only friend
What happened to the dream
And it came to an end?

And I make us coffee
With Nobody there, I start to drink…
My friend's quietness is so loud
I do not think.

BOY ON THE BALCONY

(2017)

The boy on the balcony,
Is looking outside.
He holds the rails tightly,
What is on his mind?

A cooler bag is on the floor,
Few flowers on the side.
There are no toys in the room,
What is on his mind?

Up high from the balcony,
He sees the world out there.
His tiny heart is filling up,
With pain and despair.

The rails on the balcony,
Protect him that's for sure.
But Mum and Dad were fighting,
For that he has no cure.

The boy on the balcony,
Is down on his knees.
Maybe he is trying painfully,
To understand all this.

His parents now live apart,
No love there anymore.
Maybe he is crying silently,
He is only…four.

DESPERATE BEAT

(2016)

I keep telling myself, "Feel positive."
When I lose the ground from under my feet
There must be something else out there
My soul is crying a desperate beat.

When I recall the counsellor's voice
"You know he will never change."
I tell myself, "Think positive, he is wrong."
We know, my soul, we are so deranged.

WHEN THE NOW SEEMS FOREVER

(2015)

You remember being tired
Running 'cause he'd never stop
Now twice tired, carry him
On your shoulders till you drop.

When the now seems forever
And my bones are mighty sore
Why, my soul, do I insist
To walk this road some more?

When the now seems forever
And the now is no good
How, my soul, do I escape
The desire to stay put?

ON A SHELF IN A BOX

(2015)

She's done him wrong,
She's done him wrong.
The monster within,
Was far too strong.

The care she gave,
Was driven by love.
Believed she could manage,
With help from above.

Three angels descended,
She said, "This is it.
The monster together,
We now shall defeat."

The work now started,
She did what she did.
To rid the ugly face,
Of depression in him.

Put her needs and wants,
On a shelf in a box.
Left them for years,
Under key, under locks.

She wrapped him in wool,
To protect him from fall.
And fought all his fears,
And problems in all.

Feeling empty and alone,
Tells her man, she's not well.
He responds with Devil's voice,
"You have made my life hell."

After all she had done,
She is wondering why.
That the monster of depression,
Still is growing inside.

Now herself, needs some help,
Being old and so frail…
Turns her eyes on that shelf!
But the box…is not there.

Reaches up on the shelf,
With twisted, crooked hand.
To find her wants and needs,
Had turned, by now, into sand.

So, she sought some help,
From the ones that know.
Only to find out that,

She has done him wrong.

She had made room,
For his depression to grow.
By doing everything and now,
She had to change the show.

She is down, she is down,
She has hit a brick wall.
With nothing more to give,
She is an empty soul.

ROCKING ON A CHAIR

(6/6/2015)

All my teeth by now are gone,
And my falsies fail.
While my back is giving up,
It's hard to walk the trail.

Facing my seventies,
It's not an easy task.
To fight for survival,
I am going down fast.

I once was called a rock,
That held the home from fall.
I think I gave my everything,
I am now an empty soul.

Rocking on a chair,
Wanting me to die,
Looking in my memories,
Make me want to cry.

The one I gave my loving to,
Does scream at me again.
"Oh Lord, please give me strength,
To carry on the pain."

Rocking on a chair,
Wishing me to die.
Three angels talk into my soul,
"Mum, now, is not the time."

But you, my angels, are now far,
Guarding other souls.
It's me with all my loneliness,
To take all the falls.

To my three angels, Pamela, Suzanne and Sara

MY FAVOURITE TIME

(30/10/2015)

My favourite time of the day is early in the morning with my first cup of coffee while he is still asleep. I watch the trees in our backyard swaying in harmony fuelled by the breeze, looking so happy and content with the little space, they each have, to exist. No fighting, no arguing, just contentment.

When that breeze becomes a cyclone attacking those trees, I still watch them swaying in harmony, supporting each other, until the danger passes. I think and wonder, why can I not be one of those trees or why can't the person I love be one? We could together sway in happy breezes, together supporting each other, just like those trees in our backyard, when the cyclones come.

Instead, looking at myself, I see a lonely tree with him being a vine—a vicious creeper attached to my trunk, to my soul. It drains all the life out of me, slowly, isolating us from all other caring trees.

Other trees have been pushing water, life, towards my roots for so long. But now, fearing still for me, they have to put a stop to it, for they see that vine is creeping toward them now. My favourite time ends in tears and desperation.

> As all trees die standing, so will I.
> And the vine will have my skeleton,
> There to hold him high.

MY CACTUS

(2014)

My cactus plant
Has many thorns
It has no scent
Nor many wants.

There is no soil
Where it lives
Needs no water
But it gives, it gives.

Protects itself
With its own spikes
But it gives its blood
When need arrives.

It lets the spiders
To build their webs
Among its thorns
To feed themselves.

I do not give it
Much care at all
I think, "It will survive."
Just like my soul.

I see its leaves
Sometimes fall
They look dead…
And is that all?

I look again
And yes, it's dying
Just like my soul…
It has nothing inside.

I gave my everything
To the ones in need
Some say to me
"It's time for greed."

My cactus knows
The old must go
To make room
For the new to grow.

It knows in time that
Its leaves will drop
Will grow a new cactus
Will be a new crop.

I dropped my leaves
And see them grow
Unlike my cactus

I am watching the show.

They drop their leaves
It's a pleasure indeed!
Unlike my cactus
Am I ready for greed?

My leaves watch theirs
And I see them grow
Unlike my cactus
Now, I am ready to go.

SOME FORTY YEARS AGO

(05/2014)

You were twenty-two
I was twenty-five
Got to walk with you
For the rest of my life.

Everybody laughed
And laughed and said
"You two, together?
It will not last. It will not last."

We started the walk
Side by side
Many times, I laughed
Many times, I cried.

I stuck by you
Through thick and thin
Without knowing the monster
That was killing you within.

To settle, you never could
In any solid place
Your whole existence seemed to be
A never-ending race.

You always ran to get
Material things
But as they came, the thrill was gone
They were only good as trade-ins.

You surely made me feel
Was all my fault
Unable to accept responsibility
So you would never have to stop.

I lost the count of cars
In your name, you had
To say a thousand may be true
Which makes me so sad.

There were homes and caravans
And boats to say a few
Your mind was always fearing
You'd have to stay put.

Your sense of humour is now gone
Have nothing good to say
Making the world your enemy
With you the only prey.

Your body, frail and weak
Your mind, hard and wild
You tell me it's all my fault

I treat you like a child.

With sadness, I look at you
Still trying to run the race
In your eyes, I can only see
A dark and empty space.

Your rage is now growing
Affecting our life
I feel I am at my wits' end
Please help us to survive.

Where is the man I once had met
Some forty years ago?
Where is the man that made me laugh
And laugh…where did he go?

BROKEN

(2011)

And the puddle was getting bigger
While the boy was playing in it.
See, the drought had been broken
And the floods were going to hit.

And uprooted with temper
Lifelong dreams were floating by.
When the puddle became a river,
Made the father want to cry.

But the fear was now real
When the father shook his head.
Saying to Nature "Please, my mother,
Save my child from a terrifying end!"

As he managed to put the child
On the saving boat in time,
Mother Nature says, "Oh no!
He was yours, but now is mine."

And she rocked the boat wild
When the father says, "Oh, please…
Take me, but not my child
Let this madness now cease…"

With a crazy roaring sound
Mother Nature laughed at him.
With no mercy made the child
Lose his already shaking grip…

And the puddle became smaller
But the boy was now gone.
And the father's soul was empty
As the floods left him alone.

AND BE NO MORE

(2000)

I can almost see the movement
Of the days gone by far,
Being reflected in the shine
From the dying bumper bar.

Mini skirts and horny boys
Dancing in the dim of dusk,
To the beat of loud music
With McDonalds wraps a must.

Now Mother Nature taking over
What was taken before,
Tells the elements to cover
All that shine and be no more.

GUNS IN THE DISTANCE

(1998)

Hear guns in the distance
Like thunder very far
Look…a mother holds a child
Full of fear in her heart.

Now the guns are coming closer
Now the child begins to cry
Now the mother with despair
Starts to sing a lullaby.

And the child asks the mother
With some tears in his eyes
Why does God allow the thunder
To disturb his lullabies?

But the thunder did get closer
Outside their door…
And the child stopped the crying
And the singing is no more.

Hear guns in the distance
Like thunder very far
Look…a mother holds a child
With no fear in her heart.

LIKE YOUR ANCESTORS

(1985)

I heard you call me Prickle Farmer
But I am quite proud of it
I am sorry if I offend your noses
With my sweat and dirty feet.

Exactly like your ancestors
I cannot have my daily bath
When they first were picking prickles
Out of their children's future paths.

I never meant to be a thorn
In any town's right eye
My circumstances made it so
Please "Don't make my children cry."

She came home from school one day
With tears and a broken heart
A town child was not allowed to play with her
Because she was coming from a prickle farm.

Let our children grow together
Without hate in their hearts
We never know that the future
Will not join their paths.

PART VII
CREATIVITY IN THE BLOOD

I am proud to say that my three daughters are all creatives in their own right, be it authors, poets, seamstresses, or visual artists. I'd like to think this was inherited from their parents, but must give credit to their unique personalities, and to their own distinctive views of the world. As such, it is only fitting I include some of my favourite written works by them in this book.

They are as follows.

HOME

BY PAMELA JEFFS (NEE WILLIAMS) (2003)

A home for me was never
A place of brick and stone
Home was always family
No matter where we were thrown.

Home is where your heart lies
And for me it lies with you
Family is now far away
My heart goes with them too.

For now we must be strong
When all is said and done
The bonds of family tie us
To each and every one.

I will miss you more than ever
And my prayers go with you
Be safe when I can't be close
Don't forget, I love you.

CONSIDER THIS

BY SUZANNE PLATT (NEE WILLIAMS) (1999)

Long before I could ever recall
Your rage began to tear apart
Hoping one day a memory, that's all
I try to repair this broken heart.

Every time you yell and scream
A part of me withers away
Maybe one day, a nightmare dream
Is for that, I will hope and pray.

I love you dearly, with all my heart
But in this blame, it does not count
Over and over, we'll try to restart
But nothing will it ever amount.

Do you mean what you say?
Pondering around my weary head
Will you leave or will you stay?
I cry alone, for this I dread.

To my eyes brought forth a tear
The thought of you, someone strange
And those thoughts I always fear
Knowing that it's never to change.

A LETTER TO MY YOUNGER SELF

BY SARA WILLIAMS (2018)

I hope you learn to embrace the joy hidden in daydreams.

I hope you learn to be proud of who you are without worry of what others think.

I hope you learn to follow your heart without losing yourself.

I hope you learn to accept a love greater than you think you deserve.

I hope you take only what you need from the past and leave the rest behind.

I hope your journey's dull and mundane moments are just as beautiful as its twists and turns.

I hope you find what your soul is searching for and I hope it is greater than you ever dreamed it would be.

I hope you know that no matter where you end up in the world, who you choose to become or what paths you decide to take, you are worthy of love.

But most importantly, I hope you learn that you are enough.

ACKNOWLEDGEMENTS

I would like to thank everyone who has helped make this collection possible. My daughter, Pamela Jeffs for all her efforts in helping me collate my work, Lauren Daniels and Geneve Flynn for editing my work and for their kind support.

And a final thank you to all the people that have and continue to inspire me.

Maria Williams.

www.ingramcontent.com/pod-product-compliance
Lightning Source LLC
Chambersburg PA
CBHW031237290426
44109CB00012B/338